Jacob Dingeldey

Über die Sprache und den Dialekt des Joufrois

Jacob Dingeldey

Über die Sprache und den Dialekt des Joufrois

ISBN/EAN: 9783744606172

Hergestellt in Europa, USA, Kanada, Australien, Japan

Cover: Foto ©Thomas Meinert / pixelio.de

Weitere Bücher finden Sie auf **www.hansebooks.com**

ÜBER

DIE SPRACHE UND DEN DIALEKT

DES

JOUFROIS.

INAUGURAL-DISSERTATION

VERFASST UND ZUR

ERLANGUNG DER DOCTORWÜRDE

BEI DER

PHILOSOPHISCHEN FACULTÄT DER UNIVERSITÄT GIESSEN

EINGEREICHT VON

JACOB DINGELDEY.

DARMSTADT.

G. OTTO'S HOF-BUCHDRUCKEREI.

1888.

MEINEN LIEBEN ELTERN

IN DANKBARKEIT

GEWIDMET.

Der Joufrois liegt, wie Muncker in seiner Ausgabe, Halle 1880 erklärt, in einer Handschrift der Königlichen Bibliothek zu Kopenhagen vor. Die Handschrift stammt nach Muncker aus dem Anfange des XIV. Jahrhunderts. Die Abfassung des Gedichtes verlegen die Herausgeber etwa an den Anfang des XIII. Jahrhunderts. Diese Datirung stimmt auch so ziemlich mit der Entwickelung der Sprache und steht nicht im Widerspruch mit den geistreichen Vermutungen Chabaneau's bezüglich der in dem Joufrois vorkommenden Personen. Man vergleiche darüber: (Chabaneau's Rezension des Joufrois, „Revue des langues Romanes" 1881, Februarheft.)

Das Gedicht ist geschrieben in paarweise reimenden achtsilbigen Versen. Die Reime sind im ganzen ziemlich rein; als unrein sind folgende Reime anzusehen: *large : asoage* 33, *ovre : trove* 2249, 2579, *alez : faissiez* 3867, *ovre : esprove* 4399. —

Bezüglich der Technik der Verse ist zu bemerken, dass der Dichter ganz willkürlich bald die auslautenden stummen -e vor folgendem vokalischen Anlaut elidiert, bald nicht. Es überwiegt allerdings die Elision; in den ersten 1000 Versen hat etwa 60 mal Elision stattgefunden, während sie 39 mal unterblieben ist. Ein bestimmtes Gesetz aufzustellen, nach welchem Elision stattgefunden hat oder nicht, ist mir nicht möglich gewesen. Nicht statthaft ist es, aus der Nichtelision des unbetonten -e zu folgern, dass es grössere Schallfülle (in seinem Klang nach -a zuneigend) gehabt; denn es wird auch dann oft nicht elidiert, wenn es garnicht aus lateinischem -a herstammte, wie:

1

799 : *Entre le conte et celui;*

902 : *Et son heume et son escu;*

1215 : *Et d'un prodome honoree;*

2895 : *„Bien veignez, Sire, or avant;*

3246 : *„Si se laissent corre andui;*

3419 : *„Bien avez del conte oi;*

3421 : *„O del faire o del laissier;*

4527 : *„Por eus secorre et aidier.*

Muncker in seiner Vorrede zu seiner Ausgabe (pag. V) erklärt dies als „eine Freiheit, die der burgundischen Poesie überhaupt eigentümlich" sei, ohne jedoch seine Ansicht näher zu begründen. Ähnliches Verhalten zeigen allerdings der „Lyoner Yzopet" und die Übersetzung des Vegetius durch Prioraz v. Besanzon (cf. pag. V und VI der Einleitung zu „Lyoner Yzopet" ed. Förster). Ausser diesen Denkmälern zeigt auch der Münchener Brut den Hiatus nach unbetontem *-e*. (cf. A. Tobler: „Vom franz. Versbau alter und neuer Zeit" p. 57). Muncker erklärt den Dialekt des Gedichtes für burgundisch und für identisch mit dem der Übersetzungen der Predigten Gregors über Ezechiel (ed. von K. Hoffmann in: „Abhandl. der Königl. Bairischen Akademie der Wissenschaften", philosoph.-historische Klasse B. XVI, 1881). Die Predigten Gregors haben schon verschiedene Abhandlungen (cf. Musaffia: Litteraturblatt f. germ. u. rom. Philologie 1882; Corssen: „Lautlehre der altfranz. Übersetz. der Predigten Gregors über Ezechiel", Dissert. Bonn 1883) veranlasst, nach denen die Predigten Gregors überhaupt von dem burgundisch-lothringischen Sprachgebiet zu verweisen sind und ihre Heimat weiter nach Norden zu versetzen ist. Wenn demnach die Behauptung Munckers, die Predigten Gregors seien das wichtigste burgundische Sprachdenkmal, schon widerlegt ist, so sehe ich mich trotzdem veranlasst, die Predigten Gregors zur Vergleichung mit dem Dialekte des Joufrois heranzuziehen, um zu konstatieren, in wiefern Munckers Behauptung betreffs der Identizität der Mundarten der beiden Denkmäler sich rechtfertigen lässt. Ich lege dabei obenerwähnte Dissertation von Corssen zu Grunde und bezeichne sie als: La. Gr. Co. Zur Feststellung des Dialekts sind von mir noch weiter folgende Denkmäler und Schriften herangezogen worden:

1. Lo. Ps. A. = Apfelstädt: „Lothringer Psalter; Heilbronn 1881.

2. C. B. Br. = Jean Brossard: „Cartulaire de Bourg-en-Bresse, Bourg-en-Bresse 1882.

3. C. A. Ch. = P. Charmasse: „Cartulaire de l'eglise d'Autun", Paris und Autun 1865.

Leider waren in dieser Sammlung nur vier Urkunden in der Vulgärsprache geschrieben.

4. Spr. A. Fl. = Flechtner: „Sprache des Alexanderfragments", Breslau 1882.

5. Ly. Y. Fr. = Förster: „Lyoner Yzopet" Heilbronn 1882.

6. Ch. B. G. = Garnier: „Chartes de communes et d'affranchissements en Bourgogne", Dijon 1867.

7. N. b. M. = Meyer: „Notice sur un manuscrit bourguignon", Romania VI, 1.

Die genannten Urkundensammlungen standen mir durch gütige Überlassung der Kaiserlichen Universitäts- und Landesbibliothek zu Strassburg zur Verfügung, wofür an dieser Stelle meinen Dank auszusprechen ich nicht unterlassen kann. —

Benutzt habe ich bei meiner Arbeit die Rezensionen über die Ausgabe des Joufrois von G. Paris, Romania X p. 410; von Musaffia, „Litteraturblatt für germ. und rom. Philologie" 1881, p. 60; von Chabaneau und Bouchery in: „Revue des langues Romanes" 1881, Februarheft. Die Rezensionen von A. Tobler: „Deutsche Litteraturzeitung" 1881 und A. Birch-Hirschfeld „Litterarisches Zentralblatt" 1881 brachten keinen für meine Arbeit verwertbaren Punkt.

Die von mir im folgenden gebrauchten Bezeichnungen sind:

Vok[= Vokal in freier Stellung.

Vok] = Vokal in gedeckter ·Stellung.

ẹ ọ = geschlossenes *e o.*

ę ǫ = offenes *e o.*

į u̯ = konsonantisches *i u.*

l ñ = mouilliertes *l n.*

vlt. = vulgärlateinisch.

Bei Zitierung von Urkunden gebe ich zunächst den Ort an, unter dessen Namen sie in den Sammlungen enthalten, alsdann in Klammern die Zeit, wann, und wenn möglich, den Ort, wo sie ausgestellt ist; schliesslich noch pagina und Zeile, in der das betreffende Zitat zu finden ist. Bei Zählung der Zeilen habe ich die lateinischen Urkunden ganz ausser Acht gelesen und erst von da an gezählt, wo die Vulgärsprache beginnt. Bei der Zeilenangabe bedeutet *v. u.* = von unten.

Bei Ch. B. G. bedeutet I o. II vor der Seitenzahl = Band I o. II.

— —

I. DIE BETONTEN VOKALE.

§ 1.

vlt. a.

1. vlt. *á[: e.*

a) *-are : er ; josters : divers* 842 (= dem substantivierten Infinitiv *jucstare* + analogisch angehängtem *-s* des Nominativ Singularis); *trover : afoler* 205; *pardoner : amer* 756; *mer : celer* 804.

b) *-averunt : -erent ; menerent : entrerent* 146.

c) *-atum, -ata : ee, -é ; empensé : volenté* 114; *porté : esprove* 306; *gre : de* 1607; *chantee : levee* 383; *encusee : armee* 435; *espee : meslee* 481.

d) *-a* + Muta *c.* Liquida: *e.* Der Kopist schreibt einigemale *ei,* doch ist diese Schreibung ohne Bedeutung. *mere : pere* 3425 : *frere* 4357.

Die herangezogenen Denkmäler verhalten sich bezüglich der Entwicklung von *á[* folgendermassen:

Lo. Ps. A. *á[: ęi ;* — La. Gr. Co. *á[: ęi ;* — Ly. Y. Fr.
á[: ei, -áverunt = arent ; — N. b. M. *á[: ai ;* — C. B. Br.
zeigt die Entwicklung zu *e ; -averunt : arent* in *appellarent*
p. 513, 8; *refusarent* 513, 13 v. u.; — Ch. B. G. hat sehr
oft die dialektische Entwicklung *ey* neben gemeinfranz. *e*:
Dijon, 1314 (geg. zu Poiseux von Herzog Hugo) *exposey*
I, 60, 6; Beaune (1361, geg. zu Beaune von König Jo-
hann), I, 237, 7 v. u. *quantitey ;* Rouvres (1357) I, 488, 2
v. u. *imposey, estey, bley;* 489, 5 *estey;* 490, 1 *exceptey;*
Bèze, (1278): I, 541, 8, 15, 16 *gardeir;* 541, 15 *ra-
peleir;* Mirebeau (1223), I, 581, 12 v. u. *prey;* Montbard
(1373 geg. von dem bailly d'Auxois) II, 104, 2 *licenciey ;*
106, 1 v. u. *qualitey ;* Ahuy (1331, Vergleich zwischen Abtei
St. Etienne de Dijon und Ahuy) II, 196, 8 v. u. *difficultei;*
197, 7 v. u. *anciennetey;* 198, 8 *passey;* 198, 5 v. u. *seuretey
et fermetey.*

2) vlt. *-a+l: el.* Reime, die auf eine von der gemein-
franz. Entwicklung abweichende Aussprache schliessen lassen,
kommen nicht vor. *hostel* 940, 1080, *tel* 941, *el* 954, *me-
nestrel* 1081.

Der Kopist schreibt verschiedene Male *-al* statt *-el:*
tal 839, 2622, 3908; *quale* 2690; *qual* 2876.

-*al* für -*el* haben wir, wie sonst in *mal* 67, das ich nach
Neumann: „Zeitschr. f. rom. Phil." VIII, 405 als die unter
dem Nebenton entwickelte verallgemeinerte Form ansehen
möchte.

In Fremdwörtern haben wir auch in unserm Texte
natürlich -*al* statt *el: leial* 68, 3826, *principal* 365, *spirital*
366, *igal* 2643, 2651, *carnal* 2652, 3825 u. s. w. —
Lo. Ps. A. -*al: al, aul, eil;* — La. Gr. Co. -*eil,* ein-
mal *mauls;* — Ly. Y. Fr. *el* und *aul;* — N. b. M. -*aul;* —
C. A. Ch. *leaul* 291, 2 v. u. und 292, 12; — Ch. B. G. Chatillon
(1371) I, 355, 13, 14 *communaule;* Nuits (1300 geg. zu Ar-
gilly von Herzog Robert II.) I, 317, 2 *especiaul;* Rouvres
(1357) I, 488, 14, 15 *journaul;* 491, 7 *generaul;* Bèze (1278)
I, 540, 11 *teil;* 540, 6 v. u. *queil;* 540, 4 v. u. *vaulue;* 541,
13 v. u. *aulé;* Ahuy (1331) II 197, 14 *quartaul;* 197, 3 v. u.
jornaul; 198, 9 v. u. *leaul;* 205, 17 v. u. *maul.*

3. vlt. *á*] $=$ *a.*

large 33, *cas* 73, *pas* 74, *adobast* 107, *donast* 108, *face* 1609, *grace* 1610, *parz* 3139 u. s. w.

Lo. Ps. A. *á*] : *ę;* La. Gr. Co. *á*] : *ę*; L. Y. F. *á*] oft zu *ai* oder *ę.*

4. vlt. *-aticum* ergibt in unserm Denkmal stets *-age.* Leider finden wir auf vlt. *-aticum* auslautende Wörter fast stets mit sich selbst gereimt, einige Male jedoch mit *sage* (= **sabi̯o*), so *sage : outrage* 217; *messages : sages* 637; *folage : sage* 1887; *sage : corage* 2005; *estage : sage* 3797. Diesem *s a g e* glaube ich entschieden die Aussprache mit *-a*, nicht *ai* o. *e* zuweisen zu können, da andern Falls nicht *assoage* 34 (= **adsuavi̯at*) : *l a r g e* hätte reimen können.

-ege statt *-age* finden wir einmal im Reim *estege : sage* 3797; *-aige* für *-age* einmal im Verse in *quoraige* 4286. In beiden Fällen ist dafür *-age* anzusetzen.

Die von mir herangezogenen Denkmäler zeigen alle durchgängig *-aige.* Die Urkunden ergaben: C. A. Ch. (1294) 292, 3 *finaige;* 292, 6 v. u. und 243, 3 *domaiges.* C. B. Br. 152, 12; 153, 15 *domaige;* 153, 5 v. u. und 10 v. u. *albergaige;* 399, 8 *terraige;* 399, 10 *fromaige;* 289, 2 und 512, 6 *usaiges;* 515, 4 v. u. *ouvraiges.* Daneben vorkommendes *-age: martinage* 399, 10; *terrage* 401, 4; *usage* 512, 7 und 5 v. u.; *fornage* 514, 7 ist wohl schon auf den Einfluss des Gemeinfranzösischen zurückzuführen. — Ch. B. G. zeigt in bei weitem überwiegender Anzahl *-aige* gegenüber gemeinfranzösischem *-age.*

5. vlt. *á* Nas. wird zu *ę.* Die Aussprache *ę* wird bewiesen durch die Reime: *frain* (= *fręnum*) : *main* (= *manum*) 1032, 3149; *quintaine : paine* 4495; *peine : vilaine* 1208; *plains : vilains* 583; *mains* (= *minus*) : *mains* (= *manus*) 1102.

Lo. Ps. A. *á*$^{N.}$: *ę*; La. Gr. Co. *á*$^{N.}$: *ę*; Ly. Y. Fr. *á*$^{N.}$: *ai.* — Ch. B. G. zeigt die Schreibung mit *-ai* und *-ei,* also jedenfalls mit dem Lautwert = *ę.*

6. vlt. *á* + primärem oder sekundärem *u* wird zu *o.* *loe* (: *desnoe*) 1324; *esclo* (nach Neumann, Zeitschr. f. rom. Phil. VIII = *sclagum* : **esclagu*$^{Vok.}$: $\langle \begin{matrix} esclau^{Konn.} \\ *esclau^{Vok.} \end{matrix}$: *esclo*) :

lo 21; *parole* (: *afole*) 1695; *parole* (: *fole*) 1829, 2097, (: *acole*) 2105; (*grós* :) *los* 542.

Neben *-o* gleich lat *a+u* treffen wir verschiedene Male *-ou*: *lous* 4, *chouse* 608, *repouse* 609, *paroule* 192, 211, *chouse* 229, 2622, 2629, 3952, *pouse* 374, *enclouse* (= *inclausa*) 1841, *out* (= *habuit*) 2134. Dies ist jedoch dem Kopisten zuzuschreiben, wie die obigen Reime beweisen.

Lo. Ps. A. hat *a+u* : *o*; La. Gr. Co. *a+u* = *au, ou, o*; Girard v. Rossillon (ed. Mignard) *a+u* : *ou*, seltener *o*, (cf. G. M. Breuer : „Sprachliche Untersuchung über Girard v. Rosillon ed. Mignard" Bonn 1884). Das Poitevinische Katharinenleben hat *-ou* und *-o* (cf. Fr. Tendering; „Laut- und Formenlehre des poitevin. Kath.-Leb." Braunschweig 1882). C. A. Ch. *choses* 191, 2 und 6; *Ostun* 193, 3; *otroi* 193, 5; *clorre* 242, 10; *oyr* 291, 4. Einmal *oi* in *cloistre* 242, 10.

C. B. Br. *choses* 40, 2 v. u., 41, 3 v. u.; *chouses* 113, 2; *pourres* 112, 11; *clouent* 152, 12.

Ch. B. G. zeigt *óu* und *o* in ziemlich gleicher Anzahl.

7. vlt. *a+l+*kons. : *au+*kons.

Es wird stets *au* geschrieben, so: *aut* 25; *saut* 26; *desleiaus* 185; *autre* 3220 und *passim*; *seneschaus* 186, 427 etc. Der Reim *r e a u m e* : *d a m e* 1218 beweist jedoch, dass das aus *-l* entstandene *-u*, wenn überhaupt, so doch ganz wenig Betonung in dem Diphthongen gehabt, also *áu*. Es steht darin unser Denkmal dem L. Y. Fr. ziemlich nahe, der *-l* vor Kons. in diesem Falle einfach ausfallen lässt.

Die Urkunden ergaben keinen Fall, wonach auf Ausfall des *-l* zu schliessen gewesen wäre.

8. vlt. *á* Nas.] ist zusammengefallen mit *ę* und *ę̨* Nas.] zu *ā*. *avant* : *primeirement* 1248, 3123; *espandre* : *Alisandre* 966; *ame* (geschrieben *arme* cf. § 17, 4) : *feme* 1703; *dórenavant* : *longement* 2169; *comant* : *argent* 2361 etc. cf. § 2, 5 und § 3, 5.

Die zur Vergleichung herangezogenen Denkmäler ergaben alle gleichfalls *ā*.

9. vlt. nebentoniges *-a* vor dem Tonvokal hat seine Geltung als *-e* erhalten, wie die Silbenzählung beweist. *jangleors* 2067, 2052; *lieúre* 2215; *sereure* 2216; *aleúre* 2371;

losengeör 2473; *correðrs* 2975; *lecheör* 2529; *seüst* 224, 599; *eust* 1184, 1672, 1682, 3015; *eusent* 1331; *seu* 1389, 3697; *eüz* 2756. Einigemale ist statt -*e* -*a* geschrieben: *saü* 1338; *saüst* 297, 1108, 3387; *aüsiez* 3923; *aüst* 507, 2263, 2310, 3644. —

Vortoniges vlt. -*a*, das im Französischen zwischen Konsonanten zu stehen kommt, ist gewöhnlich in unserm Denkmal als nebentoniges -*e* erhalten: *ameroit* 2103, 2184; *troveroiz* 939; *grevera* 1790; *menerai* 2723, 4001; *amera* 3347, 3579, 4190; *amerai* 3348; *ameroie* 1460, 3467; *baiseroie* 883; *changeroie* 775; *herbergeroie* 1605; *demanderoie* 3443 etc.

Dagegen ist es ausgefallen (bewiesen durch die Silbenzahl) in: *donrai* 3575, 3732, 1898; *donreis* 3659; *desirrai* 1428; *laira* 4440, 2319, 3752, 4206; *lairai* 1729, 3779, 4394. Die Denkmäler und Urkunden ergeben alle, ausser 8pr. A. Fl. -*e* = lat. vortoniges -*a*.

10. Auslautendes vlt. -*a* ist zu -*e* geworden. Es hat im Reim denselben Lautwert wie -*e*, das sich aus *ę, i ǫ, u* entwickelte, wenn diese durch Konsonanten gestützt waren: *monde : blonte* 1736; *estre : Guincestre* 324; *conte : onte* 350 etc.

Der Kopist schreibt einigemale auslautend -*a* statt -*e*: *amia* 1436; *aigua* 1717; *ela* 208; *forcha* 369; *daigna* 2818; *filla* 3539; *unae* 1291. Auch hier stimmen die Denkmäler und Urkunden mit dem Joufrois überein, abgesehen vom Alexanderfragment, das -*a* erhält, wenn keine Palatale vorausgeht, dagegen sonst -*a* : -*e* wandelt.

§ 2.
vlt. ę.

1. vlt. *ę*[: *ie*. Es fällt mit vlt. -*a* zusammen, das durch Einwirkung vorhergehender Konsonanten oder Konsonantengruppen einen -*i*-Vorschlag erhalten hat (cf. § 8 I).

lié (: *herbergie*) 157; *iere* (= *ęrat*) (: *proiere*) 371; *grief* (: *chief*) 499; *pieres* (: *chieres*) 377; *piez* (: *esmaiez*) 497; (*solier* :) *moillier* 3486.

La. Gr. Co. und Lo. Ps. A. *ę*[: *ię* bezeichnet als *iei*; Ly. Y. F. *ę*[: *ię*; 8pr. Al. Fl. hat *e* = vlt. *ę*[.

C. A. Ch. ę[: *ie*; C. B. Br. ę[: *ię*.

Ch. B. G. hat neben der Entwickelung zu -*ie* auch einigemale *ei*, jedenfalls mit Lautwert = ę. Is-sur-Tille (1310, geg. von Humbert, sire de Rougemont et de Tihhatel) II, 423, 4 v. u. *bein*; 424, 6; 425, 16 und 12 v. u.; 426, 2; 428, 9 und 15: *beins*; *rein* 425, 1 v. u. — Wie im ganzen Ostfranzösischen (cf. Lo. Ps. A. § 11) die Endung -*iata* : *ie* wird, so wird auch in unserm Denkmal der Triphthong -*iée* aus vlt. -ę[+ auslautendes -*a* zu *ie*: *lie* (= *laéta* : *die* = *dicam*) 3481; *lie* (: *mie* = *mīca*) 3439; *sie* (= *sédat* : *vie*) 1613.

Der Kopist scheint diese Entwicklung nicht gekannt zu haben. Er schreibt *siee* 702 (: *maisnee*, wofür entschieden *maisnie* verlangt wird, wie die Reime zu *cortoisie* 2341 etc. beweisen). Vergl. übrigens § 8 I A. —

2. vlt. ę] bleibt als solches und reimt mit dem aus vlt. *á+i* entstandenen ę und mit vlt. *á*[: *divers* : *josters* 842; *estre* (: *meistre*) 15; *desconfes* : (*james*) 3467; (*palais* :) *apreis* 3835. ę] bleibt in allen von mir zur Untersuchung herangezogenen Denkmälern und Urkunden wie im Gemeinfranzösischen. —

3. vlt. -ę*llum* : *el*; ę*lla* : *ele* oder ę*lle*. Es reimt stets nur mit sich selbst; da sich jedoch nie eine andere Schreibung findet als -*ele* oder *el*, so können wir wohl annehmen, dass es auch in der Sprache des Dichters sich dazu entwickelt hat:

novelles 282; *renovelle* 2; *apelle* 281; *beles* 215; *noveles* 316; *seles* 656; *appele* 795; *dameisele* 1410.

novel 3; *bel* 4; *apel* 267; *dameisel* 268; *duel* 651; *chastel* 938 etc. *biel* 1558 ist natürlich in *bel* zu ändern.

La. Gr. Co.; Spr. Al. Fl. stimmen in der Entwicklung von vlt. -ę*llum*, -ę*lla* überein mit dem Joufrois; Ly. Y. Fr. hat meist -*ele*, vereinzelt -*ale*, immer -*el*; Lo. Ps. A. hat -*ale*; ebenso N. b. M. —

C. A. Ch. (1294) 292 2 *appiaul*; 292, 12 *beaul*.

C. B. Br. zeigt keine Abweichungen.

Ch. B. G. hat fast immer -*el* und -*ele*; aber Ahuy (1331) I, 197, 15 *appale*; Rouvres (1357) I, 491, 3 *apeaul*. Dijon I, 63, 2 v. u. *chasteau* und Pontailler (1257) 305, 11 *chastiau* erklären sich als nach Analogie des Nom. Sing. gebildete Formen.

4. vlt. -ẹllus : eaus.

noveaus 318; donceaus 2283; joiaus 2284; penonceaus 3021; boeaus 3022; chasteaus 3731, 4601, 3595; beaus 3732, 4602, 3596 etc.

Geschrieben finden wir häufig dafür -eus, so: dameiseus 317, 534; chasteus 696, 3630, 4363; beus 1176, 1345, 2537; quarreus 3029, 3140; creneus 4364. —

Wie -ẹllus : eaus, so musste ahd. hẹlmum : eaume werden, wie es in dem Dialekte des Dichters sich auch entwickelte, bewiesen durch den Reim zu reaume 516.

Der Kopist schreibt regelmässig dafür heume 395, 515, 564, 496, 902, 1051 u. s. w.; einmal -au in -aumes 417. —

L. Y. Fr. ẹllus : ea(l)s, ea(u)s; Lo. Ps. A. -ẹllus : els, eilz und eiz; La. Gr. Co. -ellos : es; Corssen erschliesst ein beaus aus bea(u)teit. —

C. B. Br. 339, 11 v. u. peaulx (= pelles); 400, 11 veaux.

Ch. B. G, Dijon (1314) I, 59, 9 v. u. damoyseax; 63, 2 v. u. chasteau (nach Analogie von dem Nom. chasteaus). Beaune I, 235, 6 v. u. (1340, geg. zu Montbard von Jean, sire de Til) noveaulx; Rouvres I, 487, 16 (1357) Marceaul = Marcellum lässt auf Marceaus = Marcellus schliessen. Seurre (1278) II, 215, 10 coutiaul. Pontailler (1257) II, 303, 5 v. u. chastiaux; 305, 5 und 11 chastiau. Chanceaux (Canton Flavigny, 1272) 334, 5 v. u. nouveau. —

Die Entwicklung -ẹllus zu eus, wie sie der Kopist kennt, gehört in den südwestlichen Teil des französischen Sprachgebiets. Das Poitevinische Katharinenleben kennt nur die Entwicklung zu -eus (cf. Tendering § 23).

5. vlt. -ẹ in Nasalposition reimt mit ẹ und a in dieser Stellung. rent (: souvent) 491, 1044; entent (: sovent) 3525. Über den Reim zu a^N] vergleiche man § 1, 8.

Die Schreibung -ei statt -e findet sich in feindre im Reim zu estendre und astendre 3255 und 4551, despeindre (= deexpendre): enprendre 39. —

Die Entwickelung von $ẹ^N$] : an] war im ganzen Süd-

osten des französischen Sprachgebiets schon sehr frühe ein-
getreten und es zeigen daher sämtliche Denkmäler und Ur-
kunden schon diese Entwicklung. — Auch in dem Dialekte des Kopisten war *ęn*] mit *an*]
zusammengefallen; er schreibt ganz willkürlich *an*] für *ęn*]:
prant 558; *ardiemant* 557; *maintenant* 2870.

§ 3.
vlt. ę und ĭ.

1. vlt. *ę́* und *ĭ*[: *oi*. Es reimt mit -*oi*, das entstanden
ist aus vlt. *au*+*i* : *joie* : *soie* (= *sẹ̄ta*) 692; *voudroie* : *Mónjoie*
858; *Monjoie* : *voie* 1034; *desiroie* : *joie* 3929; *voie* : *joie* 2191.
Mit diesem *oi* fällt auch zusammen vlt. *ę́*]+parasit. *i*,
das aus einem folgenden Konsonanten entstand: *destroit* : *soit*
1883; *feroit* : *droit* 2087; *droit* : *voit* 2351; *esfroient* : *voient*
3097, 4459. —
Häufig ist statt -*oi* -*ei* geschrieben worden, z. B. *Gasti-
neis* (: *tornois*) 709; *esteiles* (: *chandoiles*) 1087; *corteis* : *Franceis*
2209; *Irlandeis* : *Engleis* 3057; *corteis* : *borgeis* 3423; *voleir*
(: *decevoir*) 4013. Diese Schreibung ist natürlich ganz ohne
Bedeutung und es ist dafür an allen Stellen -*oi* zu setzen. —
Ly. Y. Fr. vlt. *ę́*[: *oi*, nur *cheair* = *cheoir*.
Spr. Al. Fl. *ę́*[: *ey*.
Lo. Ps. A. *ę́*[: *oi*, selten zu -*o*.
La. Gr. Co. *ę́*[: *oi*, teils : *o*.
N. B. M. *oi* : *ó*.
C. A. Ch. und C. B. Br. *ę́*[: *oi*.
Ch. B. G. -*ę́* meist zu *oi*; aber Rouvres (1357) I, 489,
14 v. u.; 490, 13 v. u.; 491, 10 v. u. *hors* = *hoirs* = lat.
hóres; Pontailler (1257, geg. von Guillaume de Champlitte)
II, 299, 7 und 2 v. u.; 303, 12 und 304, 6 *hors*. Reduktion
von -*oi* : *o* fand auch statt in *eyncos* = *ainçois* I, 541, 16 v. u.,
Bèze 1278.
2. vlt. -*ę́* vor einfachem Nasal fällt mit *á* vor einfachem
Nasal zusammen zu *ę́*, wenn noch ein nebentoniges -*e* der
Tonsilbe folgt, zu *ę̄* wenn dies nicht der Fall ist.

Dies ist auch der Fall, wenn dem *ę* ein Labial vorausgeht.

mains (= *minus*) : *mains* 1103 ; *frein* (: *main*) 1032 ; (*enmaine* :) *peine* 1036 ; (*vilaine* :) *peine* 1208 ; *freins* (: *rains*) 1306 ; (*main* :) *frein* 3149 ; *frein* : (*vilain*) 3293 ; (*quinteine* :) *paine* 4495 ; (*mains*) : *frains* 4513. —

Ly. Y. Fr. -*ęn* : -*oin*, selten -*ain*.

Lo♣ Ps. A. -*ęn* : *en* (geschr. *ain*); nach -*m* meist -*oi*.

N. B. M. *ę*ᴺ : -*oin*, nie -*ein*.

La. Gr. Co. *ę*ᴺ : *en*, nach Labial *oin*.

Ch B. G. hat meist *oi* nach Labial.

3. vlt. *ę* und *í*] kommt im Reime nicht vor; es ist nie anders geschrieben, als -*e*, so dass man auch für die Mundart des Dichters die Entwicklung zu -*e* annehmen darf.

Lo. Ps. A. *ę*] : *e* (bezeichnet *ai*), Neigung zu *a* ; La. Gr. Co. bleibt es; selten -*a* ; Ly. Y. Fr. bleibt es; einigemale -*oi*, einmal -*o*. — N. B. M. *ę* und *í*] : *a* und *o*. In den Urkunden gewöhnlich -*e*, jedoch Ch. B. G.: La Marche-sur-Saone (1286) II, 404, 1 v. u. *dotte*; Veronnes-les-Grandes und Veronnes-les-Petites (1294, geg. von Guillaume de Tilchatel) *mot* II, 417, 7.

4. vlt. *ę* wird, wie sonst, bei vorhergehendem Guttural zu -*i* : *merci* : *desservi* 69 ; *plaisir* : *servir* 81 ; *ci* (: *di*) 2564 etc.

5. vlt. -*ę* wird durch folgendes -*į* umgelautet zu -*i* : (*ocis* :) *pris* = *pretium* 659 ; (*vile* :) *mile* 668 ; (*plaisir* :) *desir* 1837 ; (*s'amie* :) *envie* 2110 ; (*piz* :) *faitiz* 3073 etc.

Die herangezogenen Denkmäler zeigen alle ebenfalls den Umlaut von *ę* vor *į*.

6. vlt. *ę* und *í* in Nasalposition zu *ã* : *feme* : *dame* 95, 225 ; *sovent* : *rent* 491 ; *sarjanz* : *chamberlanz* 934 ; *dedanz* : *sarjanż* 3143 ; *ame* (geschr. *arme*) : *feme* 1703. cf. § 1, 8 und § 2, 5.

§ 4.

vlt. I.

Über vlt. *i* ist nichts zu bemerken, es ist, wie in allen Dialekten -*i* geblieben. *reine* 251 ; *fine* 252 ; *dire* 345 ; *vin* 376, 1113 ; *escrit* 168 ; *meïsse* 779 (*misīsset*); *feïsse* 778 etc.

§ 5.
vlt. ǫ.

vlt. ǫ͎[: uͤ, wie der Reim voǫl (Verbalsubstantiv von vǫlo) : duel 651 beweist. vlt. ǫ͎[findet sich weiter in: suer 1783; cuer 1784; estuet 523; puet 524 u. s. w. — ǫ vor einfachem Nasal wird ebenfalls zu uǫ: buens 714, cuens 715 und pass. Daneben vorkommendes bon erklärt sich daraus, dass bonus häufig in proklitischer Stellung im Satz gebraucht wurde. (cf. Neumann, Zeitschr. f. rom. Phil. VIII.) ovre 2249, 2579 und trove 2250, 2580 haben -o statt -uͤ nach Analogie der endungsbetonten Formen; ebenso demore 4109 und esprove 4399.

Ly. Y. Fr. ǫ͎[: ue; Lo. Ps. A. ǫ́ : ue; N. B. M. ǫ́ : uǫ; reduziert zu ę in pet und vet; La. Gr. Co. ǫ͎[: ue und eu, also ō; C. A. Ch. hat die Schreibung -eu und -ue, es ist also jedenfalls vlt. ǫ und ǫ̇ zu ō zusammengefallen. C. B. Br. hat ebenfalls eu und ue. Ch. B. G. zeigt die gewöhnliche Entwicklung. Reduktion zu -e findet sich in der Gemeinde-Urkunde von Chatillon (1371) I, 354, 1 v. u.; 355, 6 v. u.; 360, 13 v. u. pevent. —

vǫlit ergibt in unserm Denkmal stets velt == vͤut. Die Entwicklungsreihe setze ich dafür folgendermassen an: vǫlit : vuͤlt : vuͤut : vͤut. Im Reim kommt es zweimal vor; beide Male: aqueͤlt = acolligit; 729 geschrieben vaint : aquaint; 2059 velt : acout. —

2. vlt. ǫ͎] bleibt -o und reimt mit ǭ und -ŭ[ ]: pentecoste (: joste) 871; sort (: cort) 3695; fole (: escole) 1474. — ǫ͎] bleibt o in allen Denkmälern und Urkunden.

3. vlt. -ǫ͎ in Nasalposition fällt zusammen mit vlt. ǫ́ in Nasalposition: ome (hǫminem) : some (= summa) 642. 816, 1682; pont : parfont 748; respont : mont 806; confont : respont 3632; mont : sont 4151. —

Wie sonst überall findet sich auch im Joufrois dame == domina, so im Reime zu fame 95, 225 und pass.

§ 6.
vlt. ǫ und ŭ.

1. vlt. *ǫ̈*[und] (== kl., *ô* und *ŭ*) reimen zusammen, sind also lautlich nicht verschieden im Joufrois.

s'amor : *jor* 87; *estor* (= ahd. *stûrm*) : *pluisor* 1054; *onor* : *jor* 1066; *jor* : *meillor* 2487; *ator* : *amor* 1961, 2569; *estor* : *seignor* 4535; *tor* : *error* 1408; *tor* : *desiror* 1488, 1489; *tot* : *bot* (= germ. *bôzen* : *boter*) 1338; *-osus* : *-os*; *merveillose* 409, *Tolose* 410; *vigoros* 1404 etc.

Lo. Ps. A. *ǫ* und *ŭ̈*[: *ou*, selten *o*; *ǫ ŭ*] : *ou*, oft *o*; La. Gr. Co. *ǫ̈* und *ŭ̈*[: *o* und *ou*;] : *ou*; Ly. Y. Fr. *ǫ̈* und *ŭ*] und [*-o* und *-ou* geschrieben.

C. A. Ch. hat *o* und *ou* für *ǫ̈*]; *o* für *ǫ̈*[. Für letzteres hat die späteste Urkunde (von 1294) *-eu* oder *-eor*.

C. B. Br. immer *ǫ̈*[= *eu*; *ou* wie sonst, in *amour* 40, 2 v. u.

Ch. B. G. zeigt ganz ohne Unterschied *o*, *ou* für *ǫ̈*] und [; für *ǫ̈*[später natürlich *-eu*.

2. vlt. *ǫ* ist wie sonst durch folgendes *i̯* umgelautet zu *ü*: *tóttį̈*^{Voc.} : *tuit* reimend zu *desduit* 1126 : *bruit* 1675 : *noit* 1069. *illuį̈*^{Voc.} : *lui* im Reime zu *ennui* 2179. Man vergleiche darüber Neumann, Zeitschr. f. rom. Phil. VIII.

Dieser Vorgang findet sich in allen zur Vergleichung herangezogenen Denkmälern.

3. vlt. *ǫ̈* in Nasalposition fällt mit *ǫ̈* in dieser Stellung zusammen. cf. § 5, 3.

§ 7.
vlt. ū.

1. vlt. *ū*[ist, wie überall, zu *ü* geworden. Es reimt in dieser Stellung nur mit sich selbst.

2. vlt. *ū* vor auslautendem einfachen Nasal ist zusammengefallen mit *ǫ̈* vor einfachem Nasal im Auslaut. Es reimt *ūnum* (geschrieben = *un* und *on*) einmal zu *tronçon* 3020 und einmal zu *conpaignon* 4061. Es wird also wohl *õ* ausgesprochen worden sein.

Ly. Y. Fr. *ūn* : *on* in *gions* und *on*.
La. Gr. Co. *ūn* : *uen*. N. B. M. einmal *on*.
C. A. Ch. schreibt immer *-un*.
C. B. Br. hat oft die Schreibung *ung*, so 43, 4; 112, 6
und 9 v. u.; 113, 8 v. u.; 151, 13 etc.
Ch. B. G. Hier findet sich die Schreibung *ung* und
un nebeneinander. *ung* haben wir: Chatillon (1371) I, 354,
1 v. u.; 353, 17; 350, 8 v. u.; 349, 8 v. u.; Seurre (1278,
Gemeindeurkunde) II, 213, 4; 217, 9; 219, 5 v. u.; Vil-
largoix (Canton Saulieu, 1279) *chascung* und *ung* II, 390, 9
und pass. —
Mit der Schreibung mit *-g* will der Schreiber jedenfalls
die nasale Aussprache von *ūn* ausdrücken. —

II. DIE BETONTEN VOCALE IN VERBINDUNG MIT PARASITISCHEM *-i*.

§ 8.

vlt. *-a*+parasit. *-i*.

I. Es entsteht ein parasitisches *-i* aus einem dem *-a*
vorausgehenden Konsonanten, Konsonantengruppe, Konso-
nanten +*i* oder *-i* haltigen Diphthongen. In diesem Falle
entsteht aus dem parasitischen *-i* + vlt. *-a*, das schon zu *-e*
geworden war, der Diphthong *-ie*. Dieser reimt mit vlt. *-ę̄*,
das zu *-ie* geworden. cf. § 2, 1.
A. Es entwickelt sich parasitisches *-i* aus einem vorher-
gehenden Konsonanten, oder einer Konsonantengruppe:
chief 499 (: *grief*); *chieres* (: *pieres*) 378; *trichier* (: *che-
valier*) 51; *proiere* (: *iere*) 372, (: *quiere*) 1815; *proier* (: *entier*)
2034; *herbergie* (: *lie*) 157; *mangier* (: *mestier*) 1110; *laisier*
(: *perier*) 1278; *agaitier* : *preier* 2475; *jonchiez* : *piez* 4473.
Statt *-ie* haben wir *-e* in *cher* (: *proier*) 103, (: *viseire*)
397, (: *maneire*) 1839. Es ist dies wohl als eine in dem Dia-
lekt des Kopisten begründete Schreibung anzusehen. —

B. Es entwickelt sich ein parasitisches -*i* aus einem Konsonanten +*i̭*, oder -*i̭* haltigen Diphthongen:

baissier (: *proier*) 344; *esmaiez* (: *piez*) 498; *eschangie* (: *gie*) 780; *envoier* : *mangier* 1659; *aidier* : *corrocier* 511, 2613; *foilliez* : *jonchiez* 1927; *herbergier* : *drecier* 3163; *iriez* : *correcciez* 3585. —

Entstand ein parasitisches -*i* vor der Endung -*ata*, die mit diesem zusammen gemeinfranzösisch hätte -*iée* werden müssen, so wird dieser Triphthong *iee* in unserm Denkmal zu *ie* vereinfacht:

maisnie (= *mansionáta*) : *cortoisie* 2341, : *mie* 2359, : *ardie* 2783, : *escrie* 3100; *chanchie* (oder auch *chaucie* nach G. Paris) : *oblie* 1366; *fiancie* : *partie* 312.

Dem Schreiber war die Vereinfachung des Triphthongen fremd, wie die Schreibungen mit -*ée*, beweisen, so *masnee* 3100, 2783, 2549.

Die Entwicklung dieses Triphthongen zu *ie* ist ein allen östlichen Dialekten gemeinsamer Zug; es zeigen daher alle die Denkmäler, die ich zur Vergleichung benutzt habe, *ie* für *iée*.

C. A. Ch. bietet kein Beispiel dafür.

C. B. Br. *chevachíes* 40, 4 v. u.; unter gemeinfranzösischem Einfluss: *changiée* 448, 8.

Ch. B. G. Dijon (1350) *empooichies* I. 65, 4; Nuits (1317) I, 318, 6 *denuncie*; Bèze (1278) I, 539, 7 *maignie*; Auxonne (1229, in Kopie von 1250) *maignie* II, 28, 2 v. u. und 29, 1; *jugie* 30. 6 v. u.; Ahuy (1331) *empeschies* II, 200, 11 v. u.; *adjugie* 200, 3 v. u.; Saulx-le-Duc et Poiseul (1246) *mesnie* II, 262, 5 v. u.; Pontailler (1257) *maisnies* II, 299, 6 und 11; *afforcie* 302, 2.

Auch alle weiteren Urkunden zeigen *ie* = *iée*.

II. Parasitisches -*i* entsteht aus einem dem -*a* folgenden Konsonanten, einer Konsonantengruppe oder Konsonant+*i̭*. Alsdann verbindet sich das *a* mit dem sekundären -*i* zu dem Diphthong -*ai*, den jedoch die Sprache des Dichters schon zu -*ẹ* hatte werden lassen, bewiesen durch die Reime: *estre* : *meistre* 16; *palais* : *apreïs* 3835; *desconfes* : *jamais* 3468.

Häufig wird statt -*ai* -*e* oder -*ei* geschrieben, was für

den Kopisten ebenfalls die Aussprache -e beweist: *mes* 53;
meis 273; *mauves* 54, 116; *pes* 1117; *treire* 1189; *fere* 1893;
afeire 1894 etc.

A. Parasitisches -*i* entstand aus Konsonantengruppen
oder einfachen Konsonanten: *afaire* 7; *faire* 8; *mes* 53; *veraie*
49; *atrait* 914; *refait* 915 etc. Beachtung verdienen die
Reime *lai* : *esmai* 527, 3649; *lai* : *repairai* 4298; *chai* : *apren-
drai* 3641. Sie beweisen, dass in der Mundart des Dichters:
illac und *eccehac* nicht wie im Gemeinfranzösischen zu *la* und
und *ça*, sondern zu *lai* und *chai* geworden sind.

Lo. Ps. A. -*c* im Auslaut geblieben in *lac*; La. Gr.
Co. *lai* und *ceai*; Ly. Y. Fr. *la* und *ça* neben *lai* und *çai*.
C. B. Br. hat dreimal *ça*. Ch. B. G. Dijon (geg. zu Beaune
1272) 54, 3 *çay*; Montbard (1373) *decay* und *delay* 106, 107,
108, 2; Seurre (1278) 222, 7 *çay*; Veronnes-les-Grandes und
Veronnes-les-Petites (1294) 418, 9 und 13 *cai*. —

B. Parasitisches -*i* entwickelt sich aus Konsonant+*i̭*:
palais (: *apreis*) 3835; *say* (: *veray*) 732; *esmaie* (: *rapaie*)
1482; *messaise* 1595; *aise* 1596; *alai* 1809; *herbergai* 1810.

vlt. *ani̭*+Voc. oder -*gn* Voc. wird im Joufrois zu *n̄e*.
Dies zeigen die Reime: *ataignent* : *destreignent* 4567; *com-
paignes* : *enseignes* 3045.

Der Schreiber schreibt meist -*agne*, er kannte also diese
Entwicklung wahrscheinlich nicht:
Bretaigne : *Champagne* 710; *Cocagne* : *bargaigne* 1372; *Bre-
taigne* : *Allemaigne* 2753; *campagne* : *plagne* (= *plania*) 3135.

-*anea* : *ange* mit palataler Aussprache des -*g* wurde in
den erst später aufgenommenen Wörtern *lange* 339; *estrange*
340, 3433 (: *change*).

Lo. Ps. A. *ani̭* : *n̄e*; La. Gr. Co. *ani̭* : *aigne*; Ly. Y.
Fr. *an*+*i* : *aigne*.

Ch. B. G. Chatillon (Rechte der Stadt, gesammelt 1371
von Jean de Foisy). Jean leitet die Sammlung ein durch
einige Verse; es reimt hier *Montaigne* : *viegne* 349, 13.

vlt. *a*+*l*+*i̭* oder *a*+Gutt.+*l* reimt stets nur mit sich
selbst. Geschrieben ist es -*aille*, -*aile* und -*alle*. Letzteres
beweist nur für den Schreiber, dass sich *ali̭* : *ale* nicht zu
ẹle entwickelt hatte. Da es jedoch stets nur wieder mit sich

2

selbst reimt, nie mit -*eille* (z. B. *conseille*), so glaube ich nicht irre zu gehen, wenn ich auch für die Mundart des Dichters die Aussprache -*ałe* annehme.

baile : *bataille* 278; *malle* : *vantalle* 393; *vaille* : *taille* 591; *devinaille* : *faille* 1400; *faille* : *vaille* 2408, 2623, 3653, 4219 etc.

vlt. -*arium* wird wie sonst zu -*air*, natürlich mit Entwicklung des *ai* zu *e*, wie überhaupt im Joufrois:

vair 908; *vaire* 2207; *peire* (= *paria*) : *feire* 906; *paire* (= *pareat*) : *repaire* 1042. Dieselbe Entwicklung wie -*ari̧* hat natürlich auch der Lautkomplex -*utri̧* in *repatri̧at* : *repaire* : *faire* 1638, 2173, 3158, 3914 etc.

Die Bildungen auf -*ier* in *chevalier, destrier, perier, escuier* nehme ich nach Neumann als aus -*iarius* entstanden an. —

Der Diphthong -*ai* ist in den Denkmälern und Urkunden folgendermassen behandelt worden:

Lo. Ps. A. *ai* = *ai*; La. Gr. Co. *ai* = *ai* oder *ei*.

N. B. M. *ai* : *a*; Ly. Y. Fr. *ai* und *e* wechseln.

C. B. Br. findet sich: *contraires* 40, 7; *fait* 40, 3 v. u.; *plait* 41 5; *rayson* 41, 2 v. u.; *faicte* 43, 4. Daneben *fere* 43, 4; *plet* 155, 2 v. u. Reduktion zu -*a* einmal in *fare* 41, 3 v. u. *ai* : *oi* in *foire* 43, 6 und 2 v. u.; 149, 5; *necessoyres* 149, 1.

Ch. B. G. Dijon. Bald *ai, ei, e* geschrieben, also -*e* geworden. Reduktion zu -*a* in *mas* 61, 5 v. u. (1332). — Auch sonst wechselt die Schreibung bald mit *ai*, bald mit *ei*, bald mit -*e*. Reduktion zu -*a* noch in Auxonne (1219, in Kopie zu Dijon 1250) *mas* II, 29, 7 v. u.; 31, 7 v. u.; Ahuy (1331) *mas* II, 204, 1; Saulx-le-Duc et Poiseul (1246) 265, 11 v. u. *mas*; Pontailler (1257) 302, 11 *sarement*; Fresnes (1272) *mas* 332, 4.

Ch. B. G. hat auch Fälle, wo aus -*nc* ein parasitisches -*i* sich entwickelte. Meyer (N. B. M.) gibt es nur an aus einer Urkunde von Bèze (1278) 540 *frainche*. Es findet sich jedoch auch sonst: Salmaise (Canton Semur, 1265) II, 320, 4 und 5 v. u. *freinchise*; 321, 8 v. u. *freinchemant*. Veronnes-les-Grandes et Veronnes-les-Petites (1294) *frainchise* 417, 1; *frainche* 417, 15. Is-sur-Tille (1310) 441, 7 v. u. *blainches*.

Bemerkung. Besondere Beachtung verdient der Reim *voit:
exploit* 3799, 3800. Ich möchte hier nicht dialektische Entwicklung von
vadit : voit annehmen; ich glaube vielmehr, dass *voit* ein Schreibfehler
des Kopisten ist, hervorgerufen durch das unmittelbar nebenstehende
veoir und das sonst im Text regelmässig vorkommende *esploit* (*espleit :
dreit* 141, *esploit : droit* 930). Für *esploit* nehme ich das in der Handschrift
an dieser Stelle stehende *esplait* (*esploit* ist nur Konjektur der Heraus-
geber) als zu Recht bestehend an, das neben *esploit* vorkommt, beson-
ders in Bourgogne und Yonne; cf. Godefroy, „Dict de l'anc. franç."

§ 9.

vlt. ę+paras. -i.

vlt. *ę*+paras. -*i* wird, wie sonst, auch in der Sprache
des Joufrois zu -*i*: *respit* (: *dit*) 129, 876; *lit* (: *oit*) (: *dit*)
4293, 4301. vlt. *melius* ergibt im Joufrois, wie im Gemein-
französischen, *mielz*.

Lo. Ps. A. *ę+i : ei*, neben franz. *i*.

Ly. Y. Fr. *ę+i : i*; La. Gr. Co. *ę+i : ei*, daneben auch -*i*.

Die Urkunden haben nichts ergeben, was gegen die
Annahme *ę+i : i* hätte sprechen können.

2. vlt. *-ęria* wird zu -*ire* in Erbwörtern wie *empire*
(= *impęria : sire*) 717; *mire* (= *męreat : dire*) 3931, (: *sire*)
1693 bewiesen.

Suffixvertauschung haben wir, wie sonst, in: *mestier*
1111; *mostier* 327; *mainiere* 2940, 3412 etc.

maneire 1340, 3052, 4340; *viseire* 397 halte ich für
dialektische Bildungen des Schreibers, der überhaupt liebt,
den Diphthongen *ié : ę* (geschr. *ei*) zu reduzieren, aus welcher
lat. Quelle er auch entstanden sein mag:

(= lat. *ę*) *dereires* 564; *areire* 1012, 1390; *peires* 396;
feire 4441; *meilz* 1628.

(= lat. *a*, vor dem sich *i* entwickeln sollte): *deraisner*
288; *vanger* 358; *chevance* 680; *maisnee* 702, 2360, 2549, 3100,
3324; *primeirement* 1248, 3123; *primers* 2969; *chevaucerent*
162; *somers* 2531, 2543; *chevaler* 4431, 4537; *acer* 4538;
licheires 4290, 4294; *cheire* 398.

§ 9.
vlt. e+ĭ+paras. i.

1. vlt. ę+ĭ bei folgendem ị cf. § 3, 5.
2. vlt. ę bei vorhergehendem Guttural, cf. § 3, 4.
3. vlt. ę oder ĭ + Gutt. + l, oder vlt. ę + l + ị : *eille,*
eile, im Auslaut: *eil.*

Über den Lautwert von *-eille* lässt sich nichts ganz
sicheres sagen, es kommt im Reime nur zu sich selbst rei-
mend vor. Man könnte vielleicht annehmen, dass es, wie
z. B. in der Champagne und Burgund, auch im Joufrois den
Lautwert = *oille* angenommen hat und *-eille* nur Schreibung
für *-oille* wäre, wie auch *oi* aus *ę[* häufig *-ei* geschrieben wird
(cf. § 3, 1), Dies glaube ich jedoch nicht; ich glaube viel-
mehr, dass man aus der konsequenten Schreibung *-eille,* nie
oille, auch auf ein *ęle* für die Sprache des Dichters schliessen
darf, besonders da die analoge Bildung mit Gutt -|- *n* ein *ęñe,*
nicht *oiñe* ergeben hat. cf. unten.

conseille 9, *apareille* 10; *vermeiles* 991; *merveilles* 990;
merveilles 1130, *oeles* (= *oeilles* = *oviculum*) 1131; *soleil*
1755, *conseil* 1756; *veil* 4349, *conseil* 4350.

Lo. Ps. A. ĭ + Gutt + l : *el* und *oil*; Ly. Y. Fr. immer
-oil; La. Gr. Co. *el, al* und *oil.* Ch. B. G. Bèze (1278)
I, 540, 11 *consoil*; Auxonne (1229, in Kopie zu Dijon 1250)
II, 30, 3 v. u. *consoil*; Ahuy (1350) II, 204, 6 v. u. *consoilleront*
u. *consoil*; Molême (arrondiss. Chatillon, 1260) II, 309, 4 *consoil.*

4. vlt. ę + Gutt. + *n* oder ę + *n* -|- ị : *ęñe*; es reimt
mit *á* in dieser Stellung:

destreignent : *ataignent* 4567; *enseigneʃ* : *compaignes* 3045;
deigne : *veigne* 2817, 3511 etc.

5. vlt. *-itia* : *-ece.* Dem Dichter war jedoch auch die
dialektische Entwicklung zu *-ace* bekannt, wie der Reim
richece : *place* 2689 beweist. Geschrieben ist stets das gemein-
französische *-ece,* so *largece* : *perece* 604; *proece* : *largece* 2913;
largeiche (über *-ch* cf. § 18, 4) : *proeche* 173, : *provrece* 4551.
Die Entwicklung zu *-ace* finden wir belegt in Ly. Y. Fr.,
La. Gr. Co. und N. b. M. Die Urkunden ergaben keinen Beleg
dafür, sie zeugten meist für die fremdwortliche Entwicklung *-ice.*

§ 10.
vlt. ǫ + paras. i.

vlt. ǫ + paras. *i* ergab, wie im Gemeinfranzösischen -*ui*. Es reimt zu *ū* + *i*, ferner zu *ǫ*, das durch folgendes *i̯* zu *üi* umgelautet wurde und einmal auch zu einfachem *ü* [in *s'apue* (= adpǿdiat) : *nues* 1155. Häufig findet sich die Schreibung -*oi* = *ui*.

ennui (: *lui*) 139; (*tuit* :) *noit* 334, 1068, 1270; *m'enoie* (: *foie* = *fuie* = *fūga*, nicht wie G. Paris meint = *suie*) 611; *oi* (= *hǿdie* : *autrui*) 3997 etc.

ǿria ergibt auch in unserm Denkmal die fremdwortliche Entwicklung zu -*oire*, so *memoire* 4391, *estoire* 4392, 2213. —

ǫ + Gutt. + *l* oder ǫ + *l* + *i̯* ergab -*oil*: *vǫli̯o* : *voil* 882; *oil* 883; *urguoli̯*[Voc.] : *orgoil* 4481.

Der Plural *ǿculos* ergibt *ielz* im Reime zu *mielz* 1220. Geschrieben ist stets -*oilz* nach Analogie des Acc. Sing.

§ 11.
vlt. ǫ + paras. i.

1. Über -*i* Umlaut cf. § 5, 2.
2. vlt. ǫ + paras. -*i* ergibt -*oi*.

point 455, *s'esjoint* 456; *poing* 549, *loing* 550; *soing* 1644; *conoissent* 2051, *angoissent* 2052 (nach Analogie von *angoissier* = *angustiare* entstanden).

§ 12.
vlt. ū + paras. i.

vlt. *ū* + paras. -*i* wird, wie immer, zu *üi*. *desduit* 1127 *destruit* 3622; *bruit* 4525 etc.

§ 13.
vlt. au + i.

vlt. *au* + *i* wird -*oi* und reimt mit vlt. *ę i̯* [. cf. § 3, 1.

III. CONSONANTISMUS.

§ 14.

vlt. -l.

1. vlt. -*l* hält sich in der Sprache des Joufrois im An-
und Auslaut, sowie im Inlaut vor Voo., wie im Gemein-
französischen: *leial, li, lance, novel, bel, tel, hospitel, esclo,
doble* etc.

2. vlt. -*l* im Inlaut vor Kons. wird zu -*u* und ver-
schmilzt mit dem vorhergehenden Vokal zu einem Diphthongen:
noveaus 1; *faut* 12, *aut* 24; *saut* 26; *douce* 43; *fause* 55;
cous (= *colapus*) 485; *cous* (= *collos*) 486 etc. -*l* ist ge-
schrieben für -*u* in: *molt* pass. neben *mout* 3744; *al* neben
au pass.; *dolz* 2119 neben *douz* 4309, 608; *alcune* 1602
neben *aucune* 1447; *chevals* 454 neben sonst gebräuchlichem
chevaus.

Dass dieser Schreibung kein Wert beizulegen ist, be-
weist der Reime *reaume : dame* 1218.

Geht dem -*l* im Vulgärlatein ein *a* voraus, so fällt es
einfach aus: *nus* (= *nūllus*) 988, *pucelle* (= *pūlicella*) 407 etc.

Lo. Ps. A. Gedecktes -*l* = *u*;

La. Gr. Co.: *al* ᴷᵒⁿˢ· : *a* Kons.; -*ęl* Kons. : -*e* Kons.;
ęl Kons. : *ou* Kons.; *ęls* : *ous*.

Ly. Y. Fr. -*a*, -*ę*, -*ǫ* + *l* + Kons. : -*a*, -*e*, -*ǫ* Kons.;

N. B. M. -*l* in *nūllus* : *n*, *nunz*.

Dieser Vorgang ist auch in Ch. B. G. zu belegen. Ein-
mal ist er notiert von Meyer in einer Urkunde von Verronnes-
les-Grandes und Veronnes-les-Petites, 1294 gegeben von sire
de Tilchatel, II 417; ausserdem fand ich noch *nuns* in einer
Urkunde von Ahuy (1331) II 195, 7 v. u.; 196. Ich halte
diese Entwicklung nicht für eine lautliche, sondern für eine
analogische nach *unus* = *ne unus*.

C. B. Br. -*l* Kons. hat seinen Lautwert verloren, wie
puilssant 43, 1 beweist.

Ch. B. G. -*l* vor Kons. ist zu -*u* geworden; es wird
häufig noch geschrieben, jedoch auch in solchen Wörtern,

wo es keine Berechtigung hatte, wie *peult* I, 351, 5 v. u., 352, 2, 357, 2 (Chatillon); II, 215, 16 (Seurre 1278) etc.
Über vgl. *ę + l +* Kons. cf. § 2, 4.

3. vlt. *cl, gl, lį* ergaben in unserem Denkmal, wie im Gemeinfranzösischen, *l,* geschrieben als *-ll, -ill, il* und einmal auch nach provenzalischer Art *-lg* in *alge = aille* 2395.

Beispiele: *apareille* 10; *conseille* 9; *failloit* 19; *bataile* 280; *agenoillier* 345; *malle* 393; *ventalle* 394; *oil* 883; *urguoil* 618; *voil* 882; *soleil* 1755; *veil* 4349 etc.

Die Denkmäler haben alle das *l,* wie sonst.

4. *-l* wurde zu *-r* in *senbra* (414); *ensenbre* : *asenbre* 463. Meist jedoch haben wir regelrecht *-l* nicht *r,* z. B. *senbler* 426, *ensenble* 339, *embler* (= *involare*) 771.

Es ist jedoch wenig Wert darauf zu legen, da diese Entwicklung mehr oder weniger in allen französischen Dialekten vorkommt.

Zu *-n* wurde *-l* in *posterne* = lat. *posterula* 3205 cf. Dietz: Etymol. Wörterb.

§ 15.

vlt. r.

vlt. *r* bleibt im Anlaut und Inlaut, wie sonst *riens large, entiere, legiere* etc.

Ausgefallen ist *-r* vor *-s* in *retros* 551; *entros* 552; *estros* (: *vos*) 1979, 2427, 2723, 3479, 3899, 3935, (: *dos*) 2667; *sus* (: *venus*) 4119. —

Metathesis des *-r* ist eingetreten, wie gewöhnlich in *trosser* (= *tortiare*) 2541. —

Schreibungen, wie: *descelez = desceler, aidiez = aidier* 1499; *nussereir = museroiz* 4011; *laisier = laissez* 1709 sind wol nur als Schreibfehler des Copisten aufzufassen. Dass in der Sprache des Dichters auslautendes *-r* abgefallen ist, dafür liegen keine Anzeichen vor. Wir müssen daher annehmen, dass es noch Lautwert gehabt hat. —

Ausgefallen ist *-r* nach *-p* in *pendre* 187, 936, 3367, 3399, 3340 = *prendre.* Es ist dieser Ausfall wohl dem Einflusse des *-r* der Endung zuzuschreiben. Er findet sich ziemlich häufig, so im Lo. Ps. A.; Ly. Y. Fr. Cb. B. G. Dijon (1359) 64, 3 *panre*. Häufig kommen *panre* und *panront* vor in den Urkunden von Ahuy und Seurre.

§ 16.
vlt. m.

vlt. *-m* bleibt im Anlaut und Inlaut zwischen Vokalen. Im Auslaut und Inlaut vor Kons. hat *-m* seinen Lautwert mit Hinterlassung der Nasalierung des vorhergehenden Vokals verloren; es reimt mit vlt. *-n* in dieser Stellung *rien* (= *bien*) 43 und pass.; *don : non* 97; *non : conpaignon* 379; *clains : mains* 828; *aconte : monte* 1490; *honte : conte* 784; *conte : monte* 2765, 2537 etc. —

vlt. *-m* + *-n* wird, wie sonst, zu einfachem *-m*. Es reimt *prodome* : Rome 628; *some* 643.

§ 17.
vlt. n.

1. vlt. *-n* bleibt, wie gewöhnlich, im Anlaut und Inlaut, wenn es die Silbe anlautet. *nom, novel, sejorner, mener* etc.

2. vlt. *-n* fällt aus:

a) im Auslaut nach *-r*. *jor* findet sich häufig im Reime zu vlt. *-orem*, so zu *amor* 87.

Daneben kommen auch noch Formen mit *-n* vor z. B. *jorn* 360, jedoch stets nur im Inneren des Verses und ist dies daher nur als graphische Abweichung anzusehen.

b) vor *-s*. *espose : Tolose* 4599; *mois : rois* 3377.

3. Mouilliertes *ñ* entstand aus vlt. *-gn, -cn, ṇị*. Bezeichnet wird es mit *-gn* : *engigne* 55; *guigne* 56; *ataignent* 465; *freignent* 466; *Bretaigne* 710; *Champagne* 711; *gaagne* 2721; *chastaigne* 2722; *veigne* 2817; *deigne* 2818; *enseignes* 3045; *campaignes* 3046; *campagne* 3135; *plagne* (auf ein *plania* zurückgehend.

4. vlt. -*n* schwand im Inlaut, vor Kons. und im Wort-
auslaut und verschmolz mit dem vorhergehenden Vokal zum
Nasalvokal, jedoch nur wenn dieser *a*, *ę*, *ǫ* oder *ū* war.
don : *non* 30; *rien* : *bien* 43, 44; *espandre* 965; *Alisandre*
966; *joianz* 3159; *janz* 3160.
Über Nasalierung von *ū* cf. § 6, 2.
4. vlt. -*n* ist zu *r* geworden in *arme* 1703, ferner im
Verse 1572, 1574, 1579. 1703 reimt es mit *feme* und es be-
weist dies, dass wir *arme* dem Dialekte des Copisten zu-
schreiben müssen. —
Muncker, von der Ansicht ausgehend, dass *arme* dem
Dialekt des Dichters eigen, bessert 2152:
Qui por deu trait tel armes chiere?
Que vos en est vis, m'amie chiere?
in *m'arme chiere*, bewogen durch die Silbenzahl des Verses
und durch den rührenden Reim *chiere* : *chiere*, den er da-
durch, dass er *amie* : *arme* ändert, zu einem reichen Reim
gestalten will. Solche rührende Reime finden sich jedoch
auch ausser diesem im Joufrois; so reimt 2629 *faire* mit
demselben Infinitiv *faire*, nur mit dem Unterschied, dass der
eine Infinitiv abhängig von *a*, der andere nicht.
Es ist daher die Conjektur Munkers nicht geeignet,
für den Dialekt des Dichters ein *arme* = *ame* (*anima*) zu
sichern. Es genügt für die Silbenzahl des Verses sowohl
wie für den Reim *m'ame chiere* oder *dame chiere*. —
Der Übergang von *n* : *r* ist belegt im Lotr. Psalter,
Lyoner Yzopet und im Westen durch E. Görlich: „Die süd-
westl. Mundarten der langue d'oïl" § 77.

§ 18.

vlt. t.

1. vlt. -*t* fällt aus, wie sonst, im Inlaut nach Vokalen:
pooir, *pere* etc.
2. vlt. -*t* bleibt im Anlaut, ferner im In- und Auslaut,
wenn es durch Konsonanten gestützt war:
meistre 15; *aut* 25; *sot*, *pot*, *menot* 3056 etc.

3. vlt. *t* + flexivisches *-s* wird fast stets als *-z* ge-
schrieben, es reimt jedoch auch zu einfachem *-s*, wie *jus* :
venus 2222, 3035; *retenus : sus* 3001; *sus : venus* 4119; *en-
dormis : mis* 4085; *ors : lors* 4561; *serois : mois* 2779; *donreis :
borgeis* 3659; *mespris : esbaiz* 4299. Nach diesen Reimen
sollte es scheinen als wäre *t* + *s* zu *-s* vereinfacht worden.
Die Reime *levez : en un prez* 2587, wofür natürlich unbe-
dingt *pre* = lat. *pratum* anzusetzen ist, ferner *ranpanz* (=
dous lions) : *argent* 2523 beweisen, dass *-z* im Auslaut über-
haupt seinen Lautwert verloren hat.

Lo. Ps. A. und L. Y. Fr. t + *s* im Auslaut verstummt.

La. Gr. Co. *t* + *s* im Auslaut = *s* und *z*.

C. A. Ch. zeigt Verstummen von *z*.

C. B. Br. hier findet sich *-z* schon in den frühesten
Urkunden an Stellen, wo es keine Berechtigung hat.

Ch. B. G. *s* und *z* werden ohne Unterschied gebraucht,
auch an Stellen, wo sie nicht hingehören.

4. vlt. *t* + *i̯* wird:

a) im Auslaut zu *-s*. Es reimt *pris* (= *preti̯um*) : *pris*
(= *presi̯* ^(Voc.)) 294, 998; *pris* (: *païs*) 1697; *malves : mes* 1585.
Über den Lautwert von auslautendem *-s* vergl. § 20, 4.

-itium wird immer *-iz* geschrieben, es reimt *desconfiz :
chapleiz* 3059; *grabatiz : liz* 1913. Da jedoch, wie wir im
Vorigen gesehen haben auslautendes *-z* in der Mundart des
Dichters nicht mehr gesprochen wurde, so beweisen diese
Reime, dass auch das aus *-itium* entstandene *-z* verstummt war.

b) vlt. *t* + *i̯* vor der Tonsilbe ergab, wie gewöhnlich
-s : *raison* (: *maison*) etc.

c) vlt. *t* + *i̯* nach der Tonsilbe im Inlaut wird *-c* und
ch geschrieben: *largeche* 3565, 173; *largece* 604; *povrece*
3566; *proeche* 174; *chache : place* 4573; *comencha* 2657;
comenche 2922; *comenchament* 3500; *menchoge* 46; *menchon-
gier* 72; aber *mençonge* 3522; *forcha* = *fórce* 369, 4523.

Es fragt sich jetzt, was gehört dem Schreiber, was dem
Dichter an. Aufschluss darüber gibt uns der Reim *sache*
(= *sa̧ccat*) : *menace* (= *minatiat*) 565 und *cloches* (fälschlich
cloces geschrieben im Text = ahd. *klokka*) : *noces* 1258.

Es beweisen uns diese Reime, dass der Dichter des Joufrois die Entwicklung des scharfen -*s* zu -*ch* gehabt hat. Der Copist hat diese Entwicklung nicht gekannt und er schreibt daher meist *c*. —

Den Übergang von scharfem -*s* zu -*ch* kennt nicht der Lo. Ps. A., Ly. Y. F., La. Gr. Co. und auch in den Urkunden habe ich keinen Beleg gefunden.

Breuer („Sprachl. Untersuch. des Gir. v. Rossill. herausgeg. v. Mignet" Bonn 1884) bringt verschiedene Beispiele von Übergang des gemeinfranzösischen scharfen *s* : *ch* = *sch*.

Horning: „Zur Geschichte des lat. *c* vor -*e* und -*i* im Roman." Halle 1883, erklärt, dass im Lothringischen sich ein Laut, der zwischen dem deutschen -*ich* und *ach* Laut steht, entwickelt aus scharfem -*s*, jedoch nur, wenn vor dem -*s* ein parasitisches -*i* entsteht. In jedem Ealle wird -*s* zu diesem Laute in dem Dialekt des Bagnard in der französischen Schweiz cf. „Romania" VI, 402. Dieselbe Erscheinung findet sich nach Horning in dem Departement Creuse. Leider war mir die darüber genannte Schrift nicht zugänglich, um näheres darüber konstatieren zu können.

5. Euphonisch wurde -*t* eingeschoben, wie im Gemeinfranzösichen. *estre* (: *meistre*) 16 (: *Guincestre*) 323; *distrent* 629; *creistre* 772; *remeistrent* 924 etc. *fecerunt* wurde in unserem Denkmal stets *firent*.

§ 19.

vlt. d.

vlt. -*d* blieb, wie sonst im Anlaut und Inlaut nach Konsonanten. Es fiel aus zwischen Vokalen und im Auslaut. —

Euphonisches -*d* wurde eingeschoben zwischen -*lr* und *n-r*: *faudre* 112; *vindrent* 148, 1535; *tindrent* 1536; *maintendrai* 280; *vaudroit* 660, 2435.

Es finden sich zwar in unserem Denkmal keine Reime, die geeignet wären, den Einschub des euphonischen -*d* schlagend zu beweisen; aber es ist in der Schreibung nie

vergessen worden und daraus mag ich wohl mit Recht
schliessen, dass es auch dem Dialekte des Dichters eigen
gewesen. —

Lo. Ps. A. *l-r = rr, n-r = nr.*
La. Gr. Co. *l-r = rr, n-r = nr.*
Ly. Y. Fr. *l-r = ldr, n-r = ndr.*
C. B. Br. *l-r = ldr, n-r = ndr.*
Ch. B. G. zeigt in der Mehrzahl der Fälle nicht das *-d*
und da, wo es etymologisch eigentlich stehen sollte, Ausfall
des *-d.* Dijon: *pranre* I, 59, 12; *panre* 64, 3; *vanredi* 63, 2
v. u.; Chatillon (1371) *vauldra* I 357, 1; *ramenrés* 413, 6
v. u.; Rouvres: *pranre* I 485, 9; *tanriens* 485, 10 v. u.;
morront 486, 3 (= *moudront*); *mourre* 486, 3; *tanrai* 489, 7
v. u. — Bèze (1278) *vorront* I, 539, 5; aber *vodront* 539, 8.
Auxonne (1229, in Copie 1250 zu Dijon): *tanront* II, 28, 1
v. u.; *vanront* 29, 7; (1404) *venront* 42, 8 v. u. — Die Ur-
kunden aller weiteren Gemeinden zeigen ebenfalls meist
nicht das euphonische *-d.*

§ 20.

vlt. s.

1. vlt. *-s* erhalten im Anlaut, wie sonst. Prothetisches
-e tritt vor anlautendes *-s* + Kons., wie im Gemeinfranzö-
sischen. Fehlen des prothetischen *-e* finden wir in *sperons*
452. Eine ganz unbedeutende Konjektur im Verse verhilft
uns zu dem regelrechten vorgesetzten *-e.* Es ist nur zu
lesen: *Si bien, n'i faloit esperons*, statt: *Si bien nen i faloit
sperons.* Es ist demnach diese Stelle nicht geeignet für den
Dialekt des Dichters ein Fehlen der *-e* Prothese zu beweisen.
Auch *une scorce* 354 kann dies selbstverständlich nicht be-
weisen, sondern ist als Schreibfehler des Kopisten aufzufassen.
Ebenso liegt der Fall in *lo strenz* 559, wo Muncker mit Recht
bessert *l'estreint.*

Ein weiteres Beispiel: *spirital* 360 charakterisiert sich
schon von vornherein als Fremdwort durch die Erhaltung

des vortonigen -*i* und des betonten -*a* und kann als solches nicht in Betracht kommen. —

Die Urkunden ergaben keinen Beleg für Abfall des prothetischen -*e*. Er findet sich ebensowenig im Ly. Y. Fr., Spr. Al. Fl. und N. b. M. Wol aber ist er zu finden im Lo. Ps. A. und La. Gr. Co. d. h. im Metzischen und Wallonischen. —

2. vlt. -*s* bleibt natürlich zwischen Vokalen.

3. vlt. -*s* im Inlaut vor Kons. wird noch geschrieben. Die Reime *escrit* : *fist* 197 und *il a dit* : *fist* 1689 belehren uns jedoch, dass -*s* vor Kons. in der Mundart des Dichters nicht mehr gesprochen wurde.

Lo. Ps. A.; Ly. Y. Fr.; La. Gr. Co. haben sämmtlich *s* vor Kons. verstummen lassen.

C. A. Ch. hat schon in der ältesten Urkunde (1259) 191, 3 *chapistre*, also Ausfall des -*s* vor Kons.

C. B. Br. zeigt in seiner frühesten Urkunde 40, 4 *touste*.

Ch. B. G. Die älteste Urkunde von Chatillon 1213 enthält ein *Esperist* = *Esprit* I, 329, 2.

4. vlt. -*s* im Auslaut scheint stumm geworden zu sein. Die Reime *colors* : *ator* 2525; *des espees nues* 1154 (: *s'apue*) liessen sich leicht ändern in die Form des Sing.; allein die Reime *Que bien m'a mes hostes servi* : *S'en est bien droiz, qu'il en soit meri* (wofür natürlich *meris* zu schreiben ist) 1285 und *quant je ai fain o seis* : *corteis* 4353 belehren uns, dass wir diese Korrektur nicht vorzunehmen nötig haben. Für *seis* ist natürlich *sei* oder *soi* = *sitem* zu setzen. Der Kopist, der das auslautende -*s* ebenfalls nicht mehr sprach, schrieb nur *seis*, um den Reim dem Auge des Lesers als rein hinzustellen. Der Schreiber zeigt auch sonst dadurch, dass er ganz willkürlich bald die Worte mit auslautendem -*s* versieht, bald nicht, dass er das -*s* im Auslaut nicht mehr kannte. Er schreibt z. B. *chascuns* 60 als Kasus obliquus im Singular, ebenso *uns* 493 und pass. *chevals* = Accus. Sing. 444, 1003 u. s. w. —

Der Schwund des auslautenden -*s* ist zuerst im Normanischen, erst später, in dem Anfang des XIII. Jahrhunderts, im Ostfranzösischen durchgedrungen. Es wird daher

die Abfassungszeit des Joufrois erst nach dieser Zeit zu
datieren sein. In den von mir herangezogenen Denkmälern
haben Lo. Ps. A, Ly. Y. Fr. und La. Gr. Co. -*s* abgeworfen,
Spr. Al. Fl. erhalten.

C. A. Ch. hat erst aus 1259 und 1262 zwei kleine Ur-
kunden in der Vulgärsprache. Diese zeigen natürlich Abfall
des -*s* in *mai* = *mais* und *des* = *de*.

C. B. Br. hat schon in den frühesten Urkunden Abfall
des -*s*.

Ch. B. G. In der ältesten Urkunde (von Chatillon
1213 gegeben zu Talant) findet sich noch kein Beispiel von
Abfall des -*s*. Die nächstälteste von Mirebeau 1223 hat so-
fort I, 580, 1 *seneschal* und 581, 4 *ils* statt *il* als Nom. Sing.
Die Urkunden von Rouvres 1215 und Auxonne 1229 können
hier nicht in Betracht kommen, da sie nur in späteren Kopien
vorliegen.

Alle anderen Urkunden aus späterer Zeit zeigen selbst-
verständlich Abfall des -*s*.

§ 21.

vlt. c.

1. vlt. -*c* im Anlaut wird, wie im Gemeinfranzösischen
behandelt, d. h. es bleibt vor *o*, *u* und Kons. und wird
vor *a* zu *ch*: *cuer* 2; *conseille* 9; *cler* 216; *croiz* 368; *cure* 507,
chemin 36; *chevaliers* 57; *changea* 65.

Daneben kommen Schreibungen mit -*c* statt -*ch* in fol-
genden wenigen Fällen vor: *cargerai* 118, (neben *chargier*
211); *canp* 424, 325 (neben *chanp* 331); *caucez* 391 (neben
chauciez 452); *castie* 1465; *cancha* 1506; *cevauce* 4439; *caple*
4555 (neben *chaples* 4547). Dieser Schreibung ist wohl kaum
weiterer Wert beizulegen, es ist jedenfalls nur verschrieben
vom Kopisten.

k vor *e* und *i* im Anlaut wird *c* und *ch* geschrieben,
meist jedoch -*c*: *cil* 44; *cest* 74; *certes* 58; *cele* 96; *cent* 119
etc. — *ch* statt -*c* finden wir in *che* = *ce* 41, 83, 217, 442
etc. Ob wir auch hier für den Dialekt des Dichters Über-

gang des gemeinfranzösischen scharfen -*s* zu *ch* annehmen dürfen, oder ob wir es nur als nachlässige Schreibart des Kopisten anzusehen haben, diese Frage müssen wir offen lassen, da die Reime uns natürlich für anlautendes *k* vor *e* keinen Beweis geben können. Möglich ist jedenfalls der Übergang von scharfem -*s* zu *ch* auch in diesem Falle.

2. vlt. -*c* im Inlaut:

a) vor Kons.: *i, afaire* 7; *fait* 26; *apareille* 10; *sairement* 437.

Ohne -*i* zurückzulassen, fällt es aus vor Doppelkonsonanz: *joste : pentecoste* 870.

Fremdwortliche Entwicklung haben wir in *segle* = *saeculum* 54.

b) nach Kons. vor -*a: ch : franche* 219; *blanche* 220; *marches* 681; *cerche* 708 etc.

Zu dem weichen -*g* (= *ž*) wird es, wie sonst in: *forjugier* 247; *vengier* 248; *chargier* 121; *targier* 122; *mangier* 1659 etc.

c) nach Kons. vor -*o* und -*u* bleibt es: *escu* 718; *vescu* 719; *vencu* 264.

d) nach Kons. vor -*e* und -*i* wird es -*c* geschrieben; es wird also wol den Lautwert von hartem -*s* gehabt haben: *merci* 70; *ocisb* 24 x. Vor *i* ist es teils -*c* teils -*ch* geschrieben: *fache* = *face* 3959; Franche 1021, 3580, 711. -*c* finden wir auch geschrieben in Cappadoce 3279 im Reim zu *broce* = *brocca*, wofür natürlich *broche* zu setzen ist. Der Dichter hat auch hier jedenfalls das scharfe -*s* zu *ch* umgewandelt. cf. § 18, 4.

e) Intervokalisches -*c* vor *o* und *u* fällt aus; hinterlässt ein -*i* vor -*a: dient passim, veraie* 49; *proier* 104.

3. vlt. -*c* im Auslaut ist geschwunden: *pri* (: *merci*) 1891; *borc* (= mhd. *burc*) : *ator* 834.

§ 22.

vlt. g.

1. vlt. -*g* im Anlaut wird, wie im Gemeinfranzösischen behandelt; es bleibt vor Kons.: *grant* 46; *glaives* 3017; *grace* 1610; wird zu -*dsch* vor -*e*, -*i* und *a: joie* 137; *janz* 3160.

2. vlt. -*g* im Inlaut.

a) fällt intervokalisch aus: *raîne* 184; *jamais* 13; *rue* (= *rūga*) : *salue* 1553.

b) vor -*n* wirkt es mouillierend, hat aber seinen Lautwert verloren: *deigne* (: *veigne*) 2877, 3511; *enseignes* (: *compaignes*) 3045.

c) Silbenanlautend unterliegt es denselben Gesetzen, wie im Wortanlaut.

§ 23.
vlt. p.

vlt. -*p* bleibt natürlich im Anlaut.

Inlautend fällt es aus: vor -*s*: *cors* (: *lors*) 387; *cous* (= *colapos*) : *cous* (= *collos*) 485; *galos* (: *dos*) 2840; vor -*t* *rot* : *tot* (fälschlich *ruit* und *tuit* geschrieben) 4448; intervokalisch vor oder nach betontem -*o* oder -*u.*, *sor* 22, *seu* 1389 etc. Sonst wird es intervokalisch und vor -*r* zu *v*: *trové* 163; *chevir* 2725; *decevoir* 1207; *povrez* 1914; *ovre* 2249.

Inlautendes -*p* vor *i* wird, wie sonst, zu -*ch*: *sachiez* 623; *sache* etc.

§ 24.
vlt. b.

1. vlt. -*b* im Anlaut bleibt.

2. vlt. -*b* im Inlaut:

a) fällt aus intervokalisch, wenn der eine der beiden Vokale *ó* oder *ú* ist: *eu, du, bu,* vor -*s* und -*t*: *dote* (: *tote*) 4083; *gas* (= *gab* + *s*) : *pas* 1808; vor *l* wie sonst *parole* (: *fole*) 1829, 2097.

b) wird zu -*v* in allen andern Fällen: *avoir, sovent* etc.

3. Euphonisch ist -*b* eingeschoben, wie im Gemeinfranzösischen, *ensemble* 339, *sanbler* 420 etc.

4. vlt. -*b* ist abgefallen im Auslaut: *tre* (= *trabem*) : *arme* 4454.

4. vlt. -*b* + *i* : *j*: *chanja* 65, *changeroie* 775.

§ 25.
vlt. -v.

Über vlt. -*v* ist nichts besonderes zu bemerken, es wird
behandelt wie im Gemeinfranzösischen. Es bleibt im An-
laut. Im Inlaut fällt es vor oder nach betontem -*o* oder -*u*,
wie sonst, und bleibt, wenn der betonte Vokal ein *a*, *e* oder *i*
ist: *novelles* 1, *lievent* 160, *soeves* 4185, aber *muet* 1368 etc.
v + *i* wird zu *j*: *asoage* (: *large*) 34, *legiere* 3686.
Im Auslaut ist -*v* abgefallen: *cer* (: *fer*) 391; *soe*
(: *trove*) 4158.

§ 26.
germ. w.

germ. *w* findet, wie sonst, seine Wiedergabe als -*g* oder
-*gu*: *guie* 7; *gari* 80; *gandisant* (= ahd. *wantjan*) 526;
guerredon 1232.
Es unterscheidet sich hier unser Denkmal von Lo. Ps.
A. und La. Gr. Co., die beide anlautendes germ. *w* als solches
erhalten.

§ 27.
vlt. qu.

vlt. *qu* wird im Joufrois auf die verschiedenste Art
wiedergegeben:
1. im Anlaut gewöhnlich als -*c* oder -*qu*: *car* 4; *cas* 73;
coie 1145; *que* 41, 45; *quar* 68; *querre* 297 etc. Statt -*qu*
oder -*c* finden wir einigemale die Schreibung -*ch* in *che* 469,
3910; *ch'il* 3331.
2. Im Inlaut haben wir bald die Entwicklung zu -*s*,
bald zu *g*, bald zu *v*. *cosine* 201; *laicier* 391, 1278; *aigue*
376, 1717, 3163; *sigant* 381; *segui* 2928; *segu* 3271; *aigles*
2525; *aive* 1106, 2281; *antives* 1160; *sevoient* 1256.

§ 28.
vlt. h.

h wird im Joufrois ganz willkürlich geschrieben und weggelassen. Dass es keine Geltung mehr hatte, beweist die Elision des vorhergehenden *-e* vor ursprünglich germ. *-h* in *d'onte* 350. Auch der Kopist kennt das *-h* nicht mehr und setzt es daher an Worte, die nie ein *h-* hatten, wie *harbre* 1875, *hensir* 3782 (= *eissir*). —

IV. FLEXIONSLEHRE.

Da es zu weitläufig wäre, die gesamte Flexionslehre des Joufrois bis ins Einzelne darzustellen, so sehe ich mich genötigt, nur auf folgende hauptsächlichen Punkte hinzuweisen:

§ 29.
Nominalflexion.

Wir finden in unserm Gedicht häufig Casus rectus mit Casus obliquus vertauscht, d. h. oft hat ein Casus rectus das Charakteristikon des Casus obliquus und umgekehrt.

Die Schreibungen würden natürlich nur für den Schreiber beweisen; da aber, wie wir §§ 18, 3 und 20, 4 gesehen haben, auslautendes *-s* auch im Dialekt des Dichters verstummt ist, so müssen wir wohl auch für diesen den Verfall der Nominalflexion annehmen.

Ich füge einige wenige Beispiele an, um zu zeigen, mit welcher Willkür bezüglich der Flexionscharakteristika der Schreiber verfahren ist:

127: *toz jorn* = Acc. Plur.; *li vaslet* = Nom. Sing. 134, 170 u. passim; *chevals* = Acc. Sing. 402; *li escu* = Nom.

Sing. 419; *uns chevaliers* = Acc. Sing. 517; *le senechaus* =
Acc. Sing. 548; *chascus jorn* = Acc. Sing. 601 etc.
Der Verfall der Deklination ist stets eine unmittelbare
Folge des Verstummens von auslautendem -*s*. Er findet sich
daher in allen den Denkmälern, die das auslautende -*s* haben
verstummen lassen, also nach §§ 18, 3 und 20, 4: Lo. Ps A.,
Ly. Y. Fr., La. Gr. Co., C. A. Ch., C. B. Br., Ch. B. G.,
aber nicht Spr. Al. Fl.

§ 30.

Die Ajektivflexion ist natürlich, wie die Deklination der
Substantiva, in Verfall geraten. Ich verweise auf §§ 18, 3; 20, 4.
Die lateinischen Adjektiva zweier Endungen haben im
Joufrois noch kein selbständiges Femininum, wie die Silbenzahl
der Verse beweist: 2689 *grant richace*; *grant manantie* 2715;
grant maniere 3412; *tel maneire* 975; *tel clausure* 1700; *de quel*
(geschr. *que*) *valance* 304; *qual terre* 2876. 2690 findet sich ein
la quale, das wahrscheinlich dem Kopisten zuzuschreiben ist, da
der Vers sich auf ganz leichte Art bessern lässt, so dass, auch
wenn man *quel* dafür einsetzt, der Vers die richtige Silben-
zahl erhält. Es ist nur nötig, das am Anfang des Verses
stehende *qu'il* in *que il* zu trennen. *Quele* findet sich weiter
vor *aventure* 881; hier ist dies *quele* natürlich erst recht ohne
Beweis für den Dichter.

§ 31.
Pronomina.

Der Gebrauch der Pronomina zeigt verschiedene vom
Gemeinfranzösischen abweichende Eigentümlichkeiten. Aller-
dings lassen sich diese meist nur von dem Dialekte des Ko-
pisten behaupten, da Pronomina ja kaum im Reime vorkommen:
1. Artikel: Der Artikel zeigt häufig Vertauschung zwischen
le und *li*, z. B. *li* = *le* 2, 325, 413, 505, 1021, 1039, 2111, 2643
etc.; *le* für *li* 626, 1663 etc. Diese ständige Verwechslung hängt
natürlich zusammen mit dem Verfall der Flexion der Nomina.

3*

Der Artikel zeigt einigemale im Gen. und Dat. Plur.
die unkontrahierte Form *a les* und *de les*: *a les noces* 3534;
a les armes 2420, 2968, 3232; *de les lances* 4507.

Die Form *de les* hat zweimal Tendering belegt für das
poitevinische Katharinenleben (cf. Tendering, „Laut- und For-
menlehre des poit. Kathleb.“ Diss. Braunschw.' 1882, § 128).
de les zeigt auch einmal C. B. Br. 40, 5 in *de les clefs*. Sonst
ist es weder in den Urkunden, noch in den andern zur Unter-
suchung herangezogenen Denkmälern belegt. —

2. Bei dem geschlechtigen Pronomen der dritten Person
finden sich ebenfalls einige Vertauschungen vor: *le = li* 236;
lo = li 532; *le = la* 878, 4094. —

Wichtiger ist hier die öfters (1433, 1817, 1818, 2504,
3087, 3388, 3511, 4333) vorkommende Form *o = lo*, die
auch der Dichter gekannt haben muss, wie 4333 *s'amie o fit*;
3511 *faire o degne*; 1818 *si m'o pardonez* beweisen, da in
diesen Fällen unbedingt das Versmass Elision des vorher-
gehenden Vokals verlangt und dies natürlich nur möglich
sein kann, wenn die Form *o* nicht *lo* zu Grunde gelegen hat. Die
Urkunden ergaben keinen Beleg für *-o = lo*, ebensowenig
die Denkmäler. Es ist dies eine Eigentümlichkeit, die in den
südwestlichen Dialekten zu finden ist. cf. Görlich: „Die süd-
westl. Dial. der langue d'oïl“ p. 107, „Franz. Studien“ III, § 137.

3. Häufiger Gebrauch des Casus obliquus statt des Casus
rectus ist auch bei dem Relativpronomen zu konstatieren.
que kommt vor in der Bedeutung von *qui* 269, 1022, 1058,
1135, 1280, 1415, 1482, 1570, 1684, 1805, 2098 etc.

§ 32.
Verbalflexion.

Von der Verbalflexion sind die folgenden hauptsäch-
lichsten Punkte zu bemerken:

1. Die III. Conj. Imperf. hat die Form der I. Person
angenommen: *adobase* 115 (: *envoiase* I. Pers.); *abatisse* 1261;
puisse 1375 (durch den Vers gesichert); *feisse* 778; *fusse*
1442; *meisse* 779; *terisse* 3707. —

Für diese Formen konnte ich keinen Beleg finden, ausser einmal Ch. B. G. *fusse = fust* in einer Urkunde von Chanceaux (Canton Flavigny, 1272) 336, 12.

2. Der Dichter hat in der III. Imperf. Ind. der I. Conjug. die Formen auf *-ot* gebraucht, was bewiesen wird durch die Reime: *menot* (: *Escot*) 3056; *menot : ot* 3398; *ovrot : pot* 3489; *enveiot : sot* 2822. Weiter finden wir noch *-ot: alot* 2977, 3599; *portot* 2978; *baratot* 3589; *chanlanjot* 3591; *ronflot* 4127; *veillot* 4128; *chadalot* 4480.

Daneben kommen auch Formen auf *-oit* vor, z. B. *fioit* 501 (: *tenoit*); *portoit* 1665, 3646; *demandoit* 1666; *parloit* 2595; *cuidoit* 2596; *manjoit* 1671; *sembloit* 1931; *amoit* 2005; *menoit* 2024; *aloit* 2173; *remenoit* 2891; *chaicoit* 3221; *ploroit* 3705 etc.

Diese Formen auf *-ot* sind in keinem ostfranzösischen Denkmal zu belegen gewesen. Sie sind eine Eigentümlichkeit der westfranzösischen Dialekte im allgemeinen. cf. Görlich: „Die südwestl. Dial. d. langue d'oïl, pag. 3 und § 152.

3. Die charakteristische Form der II. Pers. Plur. auf *-oiz* zeigt auch der Joufrois in dem Imperativ, Imperfect Conjunctiv und Conditionel. Man findet sie im Ly. Y. F. und Girard v. Rossillon. (cf. Breuer, oben gen. Diss. p. 41 § 127.) Ch. B. G. Dijon (1314) einmal *façois* I, 58, 8.

Im Joufrois sind es folgende Belege: *serois* (: *mois*) 2779; *donrois* (: *borgois*) 3659; *sacheis* (: *reis*) 1757. Über *-ei* cf. § 3, 1. Ferner kommt es noch vor innerhalb des Verses: *feissoiz* 4209; *veissoiz* 4482; *troveroiz* 939; *pousseiz* 1053; *tornesoiz* 3864; *eusseiz* 3865; *tendreiz* 2000; *museroiz* 4011; *orreiz* 4344.

4. Die im ganzen Osten sporadisch vorkommende zusammengesetzte Form *suis euz = j'ai été* ist auch im Joufrois belegt: *soi euz* 2756 (im Reime zu *conneuz*). Diese Zusammensetzung findet sich im Lo. Ps. A., Ly. Y. Fr., Girard v. Rossillon (cf. Breuer § 119).

C. A. Ch. zeigt in den wenigen Urkunden keine derartige Form.

C. B. Br.: *soyent euz* 40, 5; *sont eues executé* 112, 1 v.u.; Ch. B. G. Dijon (geg. von Odo IV, Lancenay 1332) 62, 5 *soient heuz.*

Vergleichende Übersicht über die Mundart des

vlt.	Joufrois.	Lyoner Yzopet	Lotring. Psalter.	Predigten Gregors.
1. *á[*	*e*	*ei*	*ęi*	*ęi*
2. *-averunt*	*-erent*	*-arent*	*-eirent*	—
3. *a + l*	*-el*	*-aul*	*-al, -aul, -eil*	*-eil*
4. *á]*	*-a*	*ai* oder *ę*	*ę*	*ę*
5. *-aticum*	*-age*	*-aige*	*-aige*	*-aige*
6. *a + u*	*-o*	—	*-o*	*-au, -ou, -o*
7. *a* im Ausl.	*-e*	*-e*	*-e*	*-e*
8. *-iata* od. *-ę* *+a*	*-ie*	*-ie*	*-ie*	*-ie*
9. *-ḁlla -ęllum*	*el; ele*	*-ele* u. *-ale*	*-ale*	*-el*
10. *ḁllus*	*edus*	*-ea(l)s,-ea(u)s*	*-elz, -eilz, -eiz*	*-es*
11. *ḙ[*	*oi*	*-oi*, selten *-ai*	*-ŏi*, selten *-o*	*-oi*, manchmal *-o*
12. *ḙ]*	*e*	*-e*	*e*, Neigung zu *-a*	*-e*, selten *-a*
13. *ḙ* Nas. auch vor Labial	*ę*	*-oin*	*-ain, -ein, en;* nach *-m* oft *-oin*	*-en*; nach Labial *-oin*
14. *ŏ[*	*-uę*	*-uę*	*-uę*	*-uę*
15. *ŏ]* u. *[*	*-o*	*-ou* u. *-o*	*ŏ[: ou* *ŏ]: ou* u. *o*	*ŏ[: o* u. *ou;* *ŏ]: ou*
16. *ū* Nas.	*-õn*	*-ŏn*	—	*-uęn*

Joufrois und der herangezogenen Denkmäler.

Not. s. manuscr. bourg.	Ch. B. G.	C. A. Ch.	C. B. Br.	Bemerkung.
ai	*ei*, neben *e*	*e*	*e*	—
—	—	—	*-arent*	—
-aul	*-aul*	*-aul*	—	Kopist hat *-al*.
—	—	—	—	—
-aige	*-aige*	*-aige*	*-aige*	—
—	*-ou* u. *-o*	*-o*	*-ou* u. *-o*	Kopist schreibt oft *-ou*.
-e	*-e*	*-e*	*-e*	Kopist hat *-a*.
-ie	*-ie*	*-ie*	*-ie*	Kopist *iée*.
-ale	*-ele*, einmal *-ale* u. *-eaul*	*-eaul*	*-ele*	—
—	*-eaus*	—	*-eaus*	Kopist hat *-eus*.
-o	*-oi*, manchmal *-o*	*-oi*	*-oi*	—
-a u. *o*.	*-e*, manchmal *-o*	—	—	—
—	*-en*; nach Labial *-oyn* u. *-en*	—	—	—
-ue, manchmal *-e*	*ue*, einmal *-e*	—	—	—
—	*ô[*: ọ, *ou* u. *eu*; *ô]*: *ou*	—	—	—
-on	*-ung*	*un*	*-ung*	—

Vergleichende Übersicht über die Mundart des

vlt.	Joufrois.	Lyoner Yzopet.	Lotring. Psalter.	Predigten Gregors.
17. Gutt. -a	-ie	-ie	-ie	-ie
18. a + i	ę	-ai u. e	-ai	-ai, -ei
19. illac u. ec- cehac	lai u. cai	la u. ça, lai u. chai	-lac	lai u. ceai
20. ĕ + i	-i	-i	-ęi u. i	-ęi u. -i
21. ę + l + i	ęl	-oil	-ęl u. -òil	-el, al, oil
22. -itia	-asse	-esse, -asse	ise u. esse	-isse, -esse -asse
23. -t -c vor i	-ch	—	—	—
24. n + r l + r	-ndr -ldr	-ndr -ldr	-nr -lr	-nr -lr
25. germ. -w	-g u. -gu	-g u. gu	-w	-w
26. Gen. u. Dat. Plur. = de les, a les	de les u. a les	—	—	—
27. III. Pers. Subj. Imp.	-sse	—	—	—
28. II. Plur. Cond.; Imperf. Conj. Imperf.	-oiz	avroiz	—	—
29. III. Imperf. Indic.	-ot	—	—	—
30.	soi euz	suis euz	suis euz	—
31.	o ≈ lo	—	—	—

Joufrois und der herangezogenen Denkmäler.

Not. s. man. bourg.	Ch. B. G.	C. A. Ch.	C. B. Br.	Bemerkungen.
—	-ie	—	—	Copist hat -e
-a	-ai, -ei, -e; einige Male mas	—	-ai, -e; -oi u. -a	—
—	lai u. cai, la u. ça	—	-ça	—
—	—	—	—	—
—	häufig -oiľ	—	—	—
-ace, -ece, -auce	—	—	—	—
—	—	—	—	Girand v. Rossillon: (scharfes) -s : ð.
—	-nr -lr	—	-ndr -ldr	—
—	—	—	—	—
—	—	—	-de les einmal	„Katharleb. poitavin." de les
—	fusse = fust	—	—	—
—	façoiz	—	—	Girand v. Rossillon orroiz
—	—	—	—	-ot in den südwestl.Dialekten Poitevin. Kathleb.
—	soyent heuz	—	soyent heuz	—
—	—	—	—	Görlich belegt diese Form für das Westfranz.

§ 33.
Übersicht über die dem Kopisten zuzuschreibenden Dialekteigentümlichkeiten.

Ich stelle hier nur die Sonderheiten des Dialekts des Kopisten zusammen, die von dem des Dichters abweichen:

1. vlt. *-á* vor *-l* bleibt in *tal* 839, 2622, 3908; *quale* 2690, 3876.

2. vlt. *-a + -u* wird *-ou* in *lous* 4; *chouse* 229, 608, 2629; 3952; *repouse* 609; *paroule* 192, 211; *pouse* 374; *enclouse* 1841; *out* (= *habuit*) 3134 etc.

3. vlt. vortoniges *-a* hat sich als *-a* erhalten in: *sau* 1838; *säust* 297, 1108, 3387; *aüssiez* 3923; *aüst* 507, 2263, 2350, 3644.

4. vlt. *-a* im Auslaut ist häufig vom Kopisten als *-a* geschrieben: *amia* 1436; *aigua* 1717; *ela* 208; *forcha* 369; *deigna* 2818; *filla* 3539; *unae* 1291.

5. Die ostfranzösische Vereinfachung des Triphthongen *-iée*:*-ie* kennt der Kopist nicht, er schreibt meist *-ée*, z. B. *maisnee* 3100, 2783, 2549, oder auch *-iee*, z. B. *siee* 702.

6. Im Dialekt des Kopisten entwickelt sich vlt. *-ęllus* nicht, wie gemeinfranz., zu *-eaus*, sondern zu *-eus*: *dameiseus* 317, 534; *chasteus* 696, 3630, 4363; *beus* 1176, 1345, 2537; *quarreus* 3029, 3140; *creveus* 4364. Auf gleiche Weise auch: *eume* 393, 515, 564, 496, 902, 1051 etc.

7. Der Kopist kennt nicht die Entwicklung gemäss des Bartsch'schen Gesetzes, er schreibt: *deraisner* 288; *vanger* 358; *chevaucé* 680; *maisnée* 702, 2360, 2549, 3100, 3324; *primeirement* 1248, 3123; *primers* 2969; *chevaucerent* 162; *somers* 2531, 2543; *chevaler* 4431, 4537; *acer* 4536; *licheires* 4290, 4294; *cheire* 398 etc.

8. Dem Kopisten ist fremd die Entwicklung des *k* und *t* vor *i* zu *ch*, wie sie dem Dichter geläufig ist. Er schreibt daher bald *-c*, bald *-ch*: *largeche* 3565, 173, aber *largece* 604; *povrece* 3566, *proveche* 174; *chache*:*place* 4573 etc. —

Als Schreibfehler möchte ich ansehen unter anderm: *éstege* 3797; *quoraige* 4286 statt *estage* und *quorage*; *-ei* = vlt. *ę* in Nasalposition in *feindre* 3255, 4541 und

despeindre 39; *biel* = *bel* 1558; *c* vor vlt. -*a* statt *ch* in: *cargerai*
118; *canp* 424, 325; *caucez* 391; *castie* 1465; *cancha* 1506;
cevauce 4439; *caple* 4555.

§ 34.
Schluss.

Wie wir aus Vorhergehendem gesehen, zeigt der Dia-
lekt des Verfassers des Joufrois einige allgemeine ostfranzö-
sische Eigentümlichkeiten. Was die Identizität mit dem
Dialekt der Predigten Gregors angeht, so lässt sich diese
insofern konstatieren, als beide Denkmäler einige allen ost-
französischen Dialekten eigentümliche Entwicklungen zeigen:
-*iée : ie, illac : lai, -itia : asse, suis este* etc. Anderseits zeigen
Joufrois sowohl wie die Predigten Gregors so viele ihnen
speziell eigentümliche Dialekteigenschaften, dass es nicht an-
geht, die Dialekte der beiden Dichter als identisch aufzu-
fassen (cf. Litteraturblatt f. germ. und rom. Philologie 1882,
p. 103). —

Die burgundischen Urkunden haben ein vorzugsweise
negatives Resultat ergeben, insofern als sie zwar ebenfalls
allgemein ostfranzösische Eigentümlichkeiten mit der Sprache
des Joufrois gemeinsam haben, aber in anderen wieder ganz
gehörig von einander abweichen. Der Joufrois besonders
weicht ab von den Urkunden durch seine Imperfekta auf
-*ot*, (von den burgundischen Urkunden) durch den Genitiv
und Dativ Plur. des Artikels = *a les* und *de les*, durch die
Form -*o* = *lo* und durch häufig gemeinfranzösische Formen, wo
die Urkunden dialektische Eigenschaften haben. —

Die Imperfekta auf -*ot* und -*o* = *lo* sind bis jetzt nur
in den westlichen Dialekten belegt worden; erstere gehören
allerdings zu den Kennzeichen der westlichen Idiome, die sich
am weitesten nach dem Zentrum ausgebreitet haben. Da-
gegen zeigt der Joufrois alle andern spezifisch westfranzösischen
Formen nicht, z. B. Erhaltung des auslautenden und vor-
tonigen -*a*, das -*a* vor -*l*, des *ȩ[*, ferner kennt er die Ent-
wicklung gemäss dem Bartsch'schen Gesetz. Im Allgemeinen

neigt also der Dialekt des Dichters des Joufrois mehr zu den ostfranzösischen Mundarten. Wir müssen daher annehmen, dass die Heimat des Dichters eine Gegend gewesen, die einerseits die allgemein ostfranzösischen Entwicklungen hat, anderseits aber auch schon die Imperfecta auf -ot aufweist. Als solche möchte ich annehmen das östliche Bourbonnais oder südliche Nivernais zwischen den Flüssen Allier und Loire. Der Annahme, dass in dieser Gegend die Heimat des Dichters des Joufrois zu suchen sei, würde auch die Entwicklung des scharfen -s : ch nicht widersprechen. cf. § 18, 4 c. Urkunden oder Denkmäler aus diesem Gebiet standen mir nicht zur Verfügung, sind auch, soviel ich weiss, keine vorhanden aus der altfranzösischen Zeit. —

Was den Dialekt des Kopisten anlangt, so möchte ich diesen entschieden als einen poitevinischen betrachten. Nach Poitou verweisen die Erhaltung des auslautenden und vortonigen -a, ferner das á vor l (cf. §§ 1, 2, 9, 10); dorthin verweist -au : ou, -ellus : eus und die Nichtbeachtung des Bartsch'schen Gesetzes cf. §§ 2, 4; 1, 6; 8, 2. —

Poitevinisch sind auch die Formen ne = en 182, 722, 4551; amar = armer 986; menchoge = menchonge 46; segui 2928; segu 3271; sigant 387; segre 21. —

LEBENSLAUF.

Ich, Jakob Dingeldey, wurde geboren am 24. Mai 1864 zu Darmstadt als Sohn des Kaufmanns Georg Friedrich Dingeldey und seiner Ehefrau Pauline geb. Müller. Den ersten Unterricht genoss ich in dem Privatinstitut von Schmitz, das ich Herbst 1874 verliess, um in das Ludwig-Georg-Gymnasium meiner Vaterstadt einzutreten. Nachdem ich hier Ostern 1884 das Reifezeugnis für die Universität erhalten, widmete ich mich dem Studium der neueren Sprachen und Geschichte an den Universitäten: Heidelberg, Freiburg, Berlin und Giessen und besuchte die Übungen und Vorlesungen der Herren Professoren: Bartsch, Birch-Hirschfeld, Braune, Brugmann, Fischer, Freymond, Ihne, Merkel, Neumann, Oncken, Paul, Pichler, von der Ropp, Riehl, Schiller, Schmidt, Siebeck, Tobler, Zupitza. Allen genannten Herren sage ich hiermit den gebührenden Dank.

Zu besonderem Dank bin ich verpflichtet Herrn Professor Dr. Birch-Hirschfeld, der mir die Anregung zu vorliegender Arbeit, sowie vielfach Förderung dabei hat zu Teil werden lassen.